亂時代

willing trend

一個重新繪製的世界經濟地圖

曹世潮 著

21℃系列01

目錄

前言　一個新世界正在誕生

許多人已經覺察到：一個舊世界正在悄然離去，而一個情感和心靈生活的世界正在全面展開。環境、需要和文化始終在變。這三者有時互為主導，有時相互關聯。二十世紀我們看見的最大變化發生在環境方面。在人類文明過去的幾千年裡，根本性的變化主要發生在人所面對的環境，其中自然環境、社會環境和國際環境的變化又最為劇烈。一個自然的世界也已經被建設為一個人造的世界。這一變化之巨大，超越了每一代富有想像力的預言家的預言，超越了人類全部的想像。

二十一世紀，人類需要正在發生著全新的變化，即：人們的需要正在由物質向精神轉移。在物質已經充滿這個世界時，人類有慾望、也有條件去索取情感和精神產品。這一變化將遠比環境變化更為深刻和巨大，只是因為它發生在人們的心裡，所以我們對它缺乏知覺。但這種顛覆性的變化確實已經開始發生，並正在改變這個星球的發展方向，改變民族、國家、地區和個人的命運，重塑著國際形勢。我們應該平心靜氣地傾聽一個全新世界在人們心中誕生時的心跳，你雖然看不見，但你一定感受到了一些徵兆、一些符號、一些樣式、一些場景和一些新的規律。

一種巨變正在發生。如果我們深入探索今天人們需要些什麼、生產些什麼、消費傾向在哪裡、其價值凝聚又在哪裡，我們會發現，這些需要、產品、消費和價值與過去全然不同。它們大部分都落實到觀念和方式上，落實在文化上，我們發現生活、工作、社會的目的和意義都發生了變化，心時代已經到來了！

我們曾經生活在物質的需求超越精神需求的時代，現在這兩者卻是反向超越：曾經是物質勝過精神，現在精神正在勝過物質。這一變化擴散到了各個方面、各個層面：在價值觀上，出現了虛勝於實，內在勝於外在，無形勝於有形，意味勝於內容，文化勝於知識的趨勢；在思維方式上，出現了速度勝於深刻，感覺勝於認知，靈感勝於思考，綜合勝於分析的趨勢；在工作上，出現了創新和設計勝於製造，個性勝於管理，網路勝於組織，意義勝於勞動的趨勢；在市場上，出現了認同勝於價值，價值勝於價格，個性勝於普遍，格調勝於金錢的趨勢。一些物質生活所必需的東西仍然存在，並成為生活的基礎；一些與精神生活相關聯的觀念和方式出現了，並且成為人類需要和社會發展的主流和方式。這種趨勢正在徹底改變我們這個世界，一個新世界正在脫穎而出。

追溯這一系列變化的源頭，我們立刻會發現，它們源於人類需求的變化。在許多國家、地區和文化族群裡，人們的心理和精神需求增長了，很多人出現了心理和精神的飢渴，更多的人正在如飢似渴地尋找著文化的滿足。我們把人們經由製造產生物質，以使自己的身體（生理）得到滿足的那個時代，稱之為「身時代」，相對的，把人們對意味和樣式的需求，以滿足自己的心理和精神需要的這個時代，稱之為「心時代」。身時代的滿足是酒足飯飽，心時代的滿足是心滿意足。這是兩種境界。

今天，人們把絕大部分的錢用在精神消費上。一個富有的人在溫飽方面的開銷，可能是其總收入的百分之五至百分之二十，甚至更少，其支出的百分之八十用在心理和精神消費，即用來學習、旅遊、休閒、交際、健美和娛樂等等；大約又有百分之八十價值相對高昂的產品，其百分之八十的價值也源於它對人們的心理、精神的滿足，如一套時裝，它的價格是五千美金，其中百分之八十的價值源於品味、品牌、色彩、款式和由此而表現出的氣質、地位、身分、個性、經典或時尚，以及人們對這些意味的普遍認同。二〇一五年，將有百分之五十以上的人，用百分之五十以上的時間，將百分之五十以上的錢用於休閒，人們希望藉此可以使心靈獲得安逸和愉悅。如果包括其他類似的消費，我們完全可以斷定，到二〇三〇年，心靈的需求將成為人類最大的需求，心靈消費將成為人類消費的主流，滿足這一需求的經濟——「心經濟」將成為全球最大的經濟主體。

今天，許多人為「意味」付錢，「意味」的價值在許多方面超過了物質：勞力士意味著「成功」，為了這成功的「意味」，消費者要多付出數十萬元人民幣；奧林匹克意味著榮譽，多少民族、國家、個人在那裡前仆後繼，全力奮鬥，而且不計成本；全世界大部分信徒，為了他們所信仰的宗教意味，畢生依教規生存著、生活著，如此終其一生……

今天，人們的消費日趨主觀化。文化產品的消費是主觀的，只是一種感受而已，人們為感受付錢，不是為消費付錢，音樂為聽而付錢，香水為聞而付錢，電影為看而付錢；文化產品的價值也是主觀的，你相信就有價值，就會頂禮膜拜，大把掏錢。你覺得值，就有價值；你覺得一文不值，就一文不值。為一幅畫有人會掏出三千萬美金；有人對此不屑一顧。一場音樂會聽下來，毫無感覺，那就一文不值。

過去，曾經是包袱和障礙的古老的歷史、複雜的地貌、傳統的文化，今天，已經成為最大的產業資源。越是古老的東西越有價值，越是自然的東西越有價值，越是獨具的文化越有價值。悠遠的歷史是人們嚮往的理由之一，複雜的地理地貌吸引了越來越多的遊客，異樣的心經濟資源非傳統文化莫屬。過去，我們的發展求助於創新；將來，我們的發展還將求助於傳統，世界文化遺產正在顯示出巨大的文化價值和市場價值。

過去，我們曾經依靠知識、技能和辛勤的工作來求得發展，今天我們可能會依靠覺悟、性情和盡情的「玩耍」去求得發展。從演員、旅行家、攝影師、茶道大師、節目主持人，服裝設計師、剪紙藝人、編竹器的工匠到奧林匹克運動開幕式的總導演，都會有他們發展的一席之地，並且玩成世界級的大師，玩成大富豪。與製造業抑制人性的特質所不同的是，心經濟使人的個性、率性、盡性成為每個人發展的資源，或為核心競爭力。

物質的生產和滿足依然存在，因為它關係到我們的生存和生活的必需，不過它將從我們所熱切關注的視野中退出，成為一種「自然」的狀態。財富也將被人們淡忘，甚至視如敝帚。心靈的生活開始了，它會成為我們生活的焦點和生活質量的標準。很快，我們的文化會發生變化：你的生命將因你的經歷而豐富，你的發展將因你豐富的情感和精神洗鍊而使你成為完全的人，你將因你的個性而成為某一族群的人，也將因你的品味和格調而進入某一階層。

過去，在赤道兩側三千公里以內，我們沒有發展出一個由製造而實現現代化的國家；今天，我們將逐步看到因為意味的創作和表現，一系列的現代化國家將在赤道以內三千公里的範圍裡產生。因為北方的民族文化特別擅長於製造物質，而南方的民族文化特別擅長於創作意味。物質製造在北歐最為發達；而意味創作在南歐、南、北美、東南亞最為擅長，我們只要打開世界文化遺產分布圖，就能看到這一點。這個世界的需求已經發生了變化，緊隨需求的經濟會發生變化，緊隨經濟的能力會發生變化，緊隨這種能力的文化圈、民族、國家、地區、公司及個人也會發生變化。世界文化和經濟版圖將發生巨變，這是可以預期的。

二十一世紀，最根本的變化就是人類需求的變化，它促使環境和文化隨之演變，大部分變化也因此而全面展開，我們會看著它發生。一個自然的物質的世界存在著，一個動物的世界存在著，一個心靈的世界生長著，並將主導這個世界。心時代標誌著人類意義上的生活真正開始。人的生理、心理、精神生活都將趨向得到全面而充分地滿足。這就是我想說的。在以後的各章裡你可以感受到這些。

第一章　心靈需要應運而生

我們的需要正在發生著變化，雖然這個變化的速度很慢，但是幾百年的變化累積起來卻是相當地深刻，甚至是革命性的。我們身處在這種漸變的過程中，竟然沒有發現這種變化；有時會以爲一切都是如此的自然。一百年以前，全世界大部分家庭會爲晚餐有一隻雞可以食用，爲一件新衣服可以穿，或者爲可以坐一次火車遠行而興奮不已。今天，這些都已經成爲人們日常生活的一部分，年輕一代甚至不知道飢寒的生活是怎麼回事（當然，全世界還有八億人在挨餓，但這絕不是人類的生產能力有問題，而是社會、政治、體制等原因所致）。現在，他們需要更快樂，更幸福。

人類的基本需要已經被充分地滿足，有些地方甚至已經過度了。許多人吃得太好，穿得太奢侈，住得太豪華。前兩年，一位美國富翁花了二千萬美金，坐太空船去太空周遊了幾天，花那麼多的錢，不僅連眉頭也沒有皺一下，而且是一臉的舒暢。儘管生產者挖空心思揣摩消費者的心思並予以滿足，政府也振臂籲請大衆增加消費。美聯準會主席葛林思潘（Alan Greenspan）先生最關心的就是消費者的信心指數，因爲他知道消費促進發展。但是消費在世界各地都一蹶不振。看上去，人們需要消費的正在消費，不該消費的也不會去消費，我們的需要就是如此而已。事實是，在我們生存的、生理的需要已經基本得到了滿足以後，我們心靈的、精神的需要在滋生。我們主要需要的不再是物質（食品、服裝、房屋、汽車……）本身，而是它們的意味

（作為個性、權力、地位、財富的符號和形式）。在許多方面，意味成為眞正的價値，而物質產品只是一個載體而已，當一些意味不復存在時，物質在人們的眼裡變得一文不値。人們需要的這一變化，是心經濟的萌芽。本章敘述的是心經濟萌發的過程。

我們太胖了

二〇〇〇年，我們聽到的衆多抱怨之一，就是座椅太小，容不下人們的臀部。美國西雅圖市皮吉特灣渡輪上的乘客感覺十八英寸寬的座椅已經容不下他們的身體，該市不得不重新安裝更寬的渡輪座椅，每艘渡輪的載客量也因此從二百五十人下降到了二百三十人。放寬座椅的行動，早已在好萊塢球形體育場和華盛頓甘迺迪中心這些著名的場所展開。這些場所都已減少了座位的數量來增加每個座位的空間。科羅拉多州城市中心歌劇院，拆除了具有一百多年歷史的十七英寸寬的木製座位，安裝了舒適的二十至二十二英寸寬的座位。

現行的座椅標準被二戰期間的軍事研究和五〇年代的科學研究證明是合理的，但目前看來這樣的座椅已不夠寬大。新的研究正在歐洲進行，從身高最高的國家——荷蘭到最矮的國家——義大利。新的研究成果將會影響公共場所的座椅、傢俱和汽車儀錶板的佈局，當然也包括人體工程學的基本設計資料系統。然而，即便是椅子繼續放寬，有許多人仍然無法安然入坐。譬如，義大利著名男高音歌唱家帕華洛帝先生就是其中的一位。最近一次，英國航空公司就因為帕華洛帝的臀部足足有六十五公分之寬，而頭等艙的座椅寬只有五十公分而婉拒了他的乘坐要求。體重一百六十公斤的帕華洛帝先生只得花五萬美元，租用一架私人飛機前往英國倫敦海德公園參加音樂會。

肥胖，已經成為一種世界性的疾病。一項調查結果顯示，全球各地因為飲食過量或者營養過剩而導致肥胖的人數已經達到十二億，占全球六十億人口的百分之二十以上，而飢餓與營養不良的人數相對有所下降。英國的肥胖人口在過去的十年裡增加了一倍，肥胖人口占了總人口的一半。發展中國家的肥胖人口也呈迅速上升的趨勢，比如巴西和哥倫比亞的肥胖人口，分別達到國內人口總數的百分之三十一和百分之四十三。肥胖已經成為社會問題。即使在傳統上以素食為主的中國，過去十年肥胖人口也大為增加，在二十世紀九〇年代，中國的肥胖人口就已經達到了二億。

今天，人們將更多的精力投入到與肥胖做鬥爭的活動中。改革開放後二十餘年的努力，使中國人的生活水準有了極大的提高，「減肥從十八歲開始」的口號較扶貧的口號更為響亮，也受到人們更多的關注。減肥藥的銷售一直呈現上升的趨勢。二〇〇〇年五月，美國農業部長說，只有百分之十二的美國人飲食結構合理。二〇〇〇年五月三十日，美國公共利益科學服務中心(美國知名消費者團體)刊出一則廣告表示：在美國因營養過剩造成的醫療開銷，每年高達七百一十億美元。廣告配有一幅畫著熱狗、漢堡、法式炸薯條和霜淇淋的漫畫。漫畫的文字說明是：「我們殺死的美國人跟煙草殺死的一樣多」、「全美最肥胖的城市」——費城市市長在二〇〇〇年三月十一日呼籲全市民眾積極參加減肥運動，以實現在七十六天內全市減掉七十六噸肥肉的目標。

揮霍閒錢

維持人們生存和生活需要的一個重要指標是恩格爾係數，現在這個係數在全世界大部分人口或家庭生活中已經降到了百分之五十以下。在北美、歐洲和東亞的富裕國家，這一係數已下降到百分之二十五以下。人們可以隨意支配的收入——中國人稱之為「閒錢」——增加了。上海、北京、廣州這些中國較為發達的城市，其日用品消費也從二十世紀八〇年代的千元，上升到九〇年代初的萬元，並在二十世紀末上升到了十萬元，汽車和房屋成為主要的消費品。被美國政府正式列為生活貧困的美國人中，百分之九十三擁有彩色電視機，百分之六十擁有錄影機和微波爐。貧困者的消費品不僅僅維持了物質需求，他們也有能力去消費精神產品。大多數美國人認為沒有冰箱和電話的日子簡直就是原始生活，而在六十年前，這些東西還是奢侈品。裝有自來水、電燈、衛生設備的房屋在全球大部分城市成為最基本的生活配備。然而在三代以前，這顯然是一種奢望。

二十世紀從根本上改變了人類的物質世界，人們的財富多了起來，許多錢並不是為生存而花費，而是為生活的快樂和豪華而揮霍了出去。太多的閒錢使人們正在準備購買物質以外的產品。一九九五年，好萊塢在國外的票房收入首次超過美國國內的票房收入。在歐洲，電視台播放的電影有百分之七十來自好萊塢。好萊塢希望今後在亞洲每部電影的收入能按百分之二十到百分之二十五的速度增長。敏感的工商界已經覺察到有一些需求正在發生轉變。

在這個世界上，大部分人的生活和勞動的目的正從果腹轉變為享受。農業生產在北美、歐洲及中亞、非洲撒哈拉沙漠以南地區和南亞分別只占國內生產總值的百分之二、百分之十二、百分之十八和百分之二十五。溫飽問題已被品味、時髦以及珠光寶氣所替代。許多人進餐廳最爲關心的是這裡的菜肴有什麼特色，而不是酒足飯飽。爲品味和特色，人們願意付更多的錢。現在，我們可以喝到世界上最好的礦泉水（它們在法國、俄羅斯和中國生產著），吃到世界各地的山珍海味，聞到法國夢幻般的香水，觸摸中國的絲綢，聽到義大利的歌劇，看到俄國的芭蕾舞，接通世界各地的電話，用網際網路與全球的朋友聊天，坐飛機到達任何地方，我們的身體可以隨心所欲而且享受最好的物質待遇。由流行歌手、電影明星、百萬富翁、貴族或皇室成員所組成的一支環球旅行消費的闊佬，總是在世界各地揮霍錢財，呑噬文化大餐。一月份，他們在巴黎欣賞完時裝表演後，二月會去瑞士的克洛斯特（Klosters）或聖莫里茨山（St.Moritz），那裡正是滑雪的好地方；三月，在埃及的金字塔或香港的半島飯店會有他們的身影；四月，他們會在中國的西安參觀兵馬俑，或在泰國的東方飯店裡欣賞民族歌舞的表演；五月，他們趕回歐洲，去摩洛哥看汽車大賽，順便和摩洛哥的王室成員打打招呼；六月，英國舉行的皇家賽馬、亨利皇家賽船協會以及溫布頓（Wimbledon）網球公開賽會把這些闊佬統統吸引到英國，稍事休息之後，他們又折向巴黎，參加秋季時裝發表會；七月，被陰霾籠罩的英國闊佬會紛紛前往義大利的托斯卡納（Tuscan）❶別墅避暑。他們如同在文化的軌道上運行的星群，循著文化的軌跡不停地運動：在費拉特乘遊艇，在希臘派特莫斯島上舉行別墅宴會；到

❶托斯卡納建築是義大利建築的代表，採用天然材質如木頭、石頭和灰泥表現其風格。（全書註釋皆爲編者所加，以下皆同。）

巴黎凱旋門參加抽獎賽馬，在富麗堂皇的大舞廳出席五花八門的慈善捐款。看他們那副樣子，金錢似乎永遠花不完的，文化的速食也總是無法讓他們吃飽。在發達地區和國家、在收入豐厚的社會群落裡，文化消費已如同吃麵包、吃飯一樣，成爲人們日常生活的一部分。

浪費時間

「時間就是金錢」這句口號已經有許多年沒有被人呼喊了，現在人們漸漸地開始習慣於浪費時間。

二〇〇〇年一月三日，法國一千二百萬僱員開始了千禧年第一天的工作，不同的是，從這一天開始，法國人將每週只工作三十五小時，每年的工作時間從三十九週削減爲三十五週。新的工作制意味著，從理論上來說，法國的一千二百萬雇員——包括企業的經理們，是工業化國家中工作時間最短的雇員，而工資待遇保持不變。在新工作制度全面實施後，幸運的法國人每年將多出相當於一個月帶薪的假期，這還不包括法律規定的、目前已經擁有的每年五週的假期。到二〇〇二年，政府機關的公務員和更小的企業（員工在二十人以下）的雇員也將開始享受這此項福利。力主實行三十五週工作制的法國就業部長馬蒂娜・奧布里（Martine Aubry），認爲，實行新的工作時間的目的，是爲了創造就業機會和降低居高不下的失業率，同時，人們可以有更多的休閒時間盡情享受豐富多彩的生活。在過去的一百年裡，全世界的勞動生產率獲得了極大的提高，人們的勞動時間大約每十年就減少百分之十。即使在最爲勤奮的德國和倡導時間就是金錢的美國，人們有能力，有可能，也有了這樣的選擇：放棄賺錢的機會，爭取更多的休閒時間。美國人現在普遍認爲，休閒較賺錢更重要。生存需求的壓力早已消失在很遠的年代裡，人們根本無須爲溫飽而奔命了。

而在極少數疲於奔命的工作群落中，雖然人們爲了養家餬口不得不賣命地工作，以保持家庭的收支平衡，但過度的勞累更激發了他們對休閒的渴望。經過一天的勞累，他們喝著啤酒，吃著點心，在電視機前癱成一團。譬如在日本，數十年來，酒館的生意就十分興隆，卡拉ＯＫ此起彼落，勞累的工作與休閒娛樂和按摩揉和在一起，成爲日本的一大景觀。日本雖然以「工作狂」而聞名於世，但自認爲以休閒爲主的人也占了百分之十五。在中國、東南亞、歐洲、北美和南美，一些休閒意識比較強烈的國家或勞動生產率相當發達的國家，對休閒時間的重視已普遍浮現。在工作中節約時間和在生活中浪費時間已成爲現代生活和現代人的標誌之一。

由於出生率接近於零，甚至是負成長，加上人的生活環境和醫療保健條件的改善，人口正趨向老齡化。中國人認爲七十歲是「古來稀」，但現在七十歲的人越來越多。良好的福利制度和豐厚的退休金，使許多人退休後想盡各種辦法來享受這難得的休閒時光。十八歲以下的年輕人有更多的時間來消費和娛樂。美國學生一年中平均用於各種活動的時間是：睡覺一百一十九天，上課五十一天，做作業、學習二十六天，看電視二十六天，玩遊戲二十六天，在朋友家玩十七天，其他娛樂十二點五天，與兄弟打架三天，打電話十五天，上學路上八天，穿鞋子二小時四十六分……他們一年中大約有一百天的時間用於休閒、娛樂與交流。這一切說明人們有更多的時間可以揮霍，也有了更多的人可以揮霍時間。

有時間可以浪費是通往心經濟的必要條件。當人們質問埃利克森・利伯曼他們出版世界級雜誌《紐約客》（The New Yorker）、《浮華世界》（Vanity Fair）、《建築文摘》（Architectural Digest）的效率爲什麼那麼低時，他的回答是：「我信仰浪費，在進行創造性工作時，浪費非常重要。」埃利克森・利伯曼之所以這麼說，一個很重要的前提是，當你在創意或在享受文化產品時，浪費時間不僅很重要，而且很坦然、很從容，要揮霍得起。如果你浪費不起時間，或可以浪費而沒有這種心境，心經濟就不會誕生。

人類辛苦了幾千年，終於結束了爲生存而奔命的時代。繁榮與富強成爲現實。衣食住行不再是人們關心的重點，因爲這已經成爲日常生活。現在，十八到三十歲的新一代年輕人，已經不能忍受長年累月的辛勞、熬到老才有休閒的生活，他們決定退出無休止的競爭，開始重新安排人生，選擇恰當的方式使工作、休閒兩不誤。在英國，勞倫・麥克羅森寒窗苦讀七年，終於成爲一名律師，但就因爲上司說她「太愛笑」，不適合當律師，這位二十四歲的年輕人毫不猶豫地拋棄了這分「枯燥乏味」的工作。她寫了一本書，在二〇〇〇年處女作排行榜上名列第十位。她的未婚夫是職業衝浪選手，兩人除了去夏威夷就是去法國。勞倫在海灘上寫作，高興了就跳進海裡暢遊一番。「我本來就已經產生了厭倦情緒，」她說，「我是那種喜歡快快樂樂過日子的人，高官厚祿對我沒有任何吸引力。」過去十年來，英國處於最佳招聘年齡（二十來歲）的人數減少了一百萬。工作與休閒結合成了大學生就業的首要選擇。二〇〇〇年冬天對美國猶他州鹽湖城大學生的一項調查顯示，百分之六十七的學生擇業時的首要標準是「勞逸結合」，只有百分之二十一的學生把「晉升機會」放在首位，以前幾代人非常重視的「金錢報酬」和

「工作地點」，僅分別吸引了百分之七和百分之五的學生。對牛津大學三百五十名應屆畢業生進行的調查也表明，最受他們推崇的擇業條件，首先是工作和休閒的結合。新一代人希望充分投入工作以外的生活——家庭、朋友和業餘愛好。人類已經有條件放鬆自己的思想和身體，人們也需要有時間可以浪費，在自己願意的時候，純粹去享受時間，純粹是爲休息而休息，爲閒著而閒著。在過度的緊張之後，鬆弛和閒暇是一種華貴的享樂。休閒的度假村、服裝、食品、步行街配合著這種需求，襯托著這種心境，讓許多人體驗著。週一和週五本是人們工作的時間，但是，在世界各大城市的商業中心，你到處可以看到閒適的人群，他們正在消遣時間，他們企盼著有更多的消遣節目出現，以讓他們盡興……

花錢，爲了證明我有錢

在新興的發達地區和國家，人們爲怎樣消費而發愁。在那裡，許多人不是爲需求而消費，而是爲消費而消費。大樓造得高又高，二百公尺、三百公尺、四百公尺……顯示我們的技術，更顯示我們的財富；轎車裝飾得財氣畢露，從一萬美金到十萬美金、再到百萬美金；漢堡烤得又大又香，牛肉一片不夠來兩片，兩片不夠三片，直到我們吃夠；一桌酒席一百、兩百，一千、兩千，一萬、兩萬；我們把服裝製作得盡可能華貴，兔毛不行羊毛，羊毛不行羊絨，羊絨不行水貂；首飾從銀到金，珠寶和鑽石最後取代白金、黃金……在財富迅速集聚和增長的族群裡，爲確認「富翁」這個身分和地位，爲說明「我不是窮人」，人們一擲千金。

在這裡，「意味」成爲主要商品，「意味」越清晰、越深刻，市場也越大，人們掏出的錢也越多。爲「意味」付錢是人們走進心時代的第一步。

一支手機的價格在德國是一馬克，在美國是幾美金。一九九三年前後的中國，一支摩托羅拉（Motorola）的手機在黑市賣五千美金，而且很搶手。那時，在社交或商務談判時，你經常可以見到人們手裡拿著一尺長的摩托羅拉手機，即便他的皮包能夠放入手機，他也願意提在手上。因爲買下如此昂貴的手機，完全是爲了能夠讓別人看見。手機在當時意味著時髦、現代和有錢。在一些談判場合，雖然每個房間都有電話，但那個大大的手機會非常醒目地放在桌上，儘管談了三個小時，手機鈴聲從來沒有響起過，但主人並不在乎。十年前，移動通訊工具在中國並沒有太大的需要，工作的節奏和進展並不要求人們「立刻反應」，銀行八小時關門，工資一個月發一次（現在也是），立刻要找到某人的事情很少發生。而作爲即時通訊的手機，就其功用來說，不會有市場。可是，當手機可以成爲財富和時尚的象徵時，其市場需求之大，價格之高，令摩托羅拉等大手機公司都感到困惑。許多人購買了手機之後，會打出去一批電話，目的是告訴他的朋友：「我也有手機了」（其潛台詞是：我也很有錢）。今天，手機已經掛在行人和騎自行車的上班一族的腰上，手機作爲「富翁」的象徵意味已漸漸失去了。「富翁」們開始從腰上把手機取下來，以免淪爲「平民」。而在俄羅斯，手機的這一意味消費正在形成，一支手機的售價在二〇〇一年是三千美金。

即便是那些早已發達的國家，也曾經有過這樣一個歷程：花錢，是爲了顯示自己有錢。在法國巴黎、美國紐約、日本東京的一些富翁們集聚的地方，房價高得驚人，其中有一部分價格就是爲「富翁集聚地」這一意味所付出的：譬如美國的比佛利山莊（Beverly Hills）。如果這樣的住宅顯得還不夠昂貴，他們會在自己的莊園裡修一條曲折蜿蜒的道路，並且用石子鋪成。倘若約定的一次鄉村別墅舞會將舉行時，而天氣預報偏偏說要下雨，道路將泥濘難行，他們會立刻鋪一條水泥道，等舞會結束，再將水泥道鏟走。用柏油和水泥築成的道路過於牢固，成本太低，而石子馬路需經常翻修，成本高昂。本來，這樣的路完全可以築成直達別墅的瀝青通道，但這樣會顯得太寒酸，一條純粹爲曲折而蜿蜒、爲費時、費力而用石子鋪成的道路，明顯的可以讓人覺得這裡的主人更有錢，也更有閒。相反，居住在中心城市、中心地段，雖然道路四通八達，但工作緊張的人們，包括美國白宮的領導人，在美國人眼裡，一定是二流的，因爲他們看上去沒有多餘的錢去顯示他們有用不完的錢。在一個物質較爲充裕的地方，人們似乎對別人把自己看成窮人相當敏感，誰都不想與「窮人」這個印象沾邊。爲了反對人們酗酒或喝太多的酒，法國總統密特朗在當政期間，曾提倡人們多喝水，少喝酒。但這項運動遇到的第一個麻煩就是：即便人們願意多喝水，少喝酒，可是光喝水會給人一種過於節儉或貧困的印象。於是，社會學家、廣告大師們密謀策劃了一系列活動：「讓人們更昂貴地喝水。」結果，喝水時，人們付出了更多的錢，看起來確實也很昂貴，喝水的人也更多了。

「我是中產階級」這個概念，使不少美國家庭多買了一、兩間臥室，因爲這便於有朋友來訪時住宿；他們會去買一打一打的襯衫和領帶，以便在適當的場合有適當的穿著。社會與經濟發展同人們的收入達到同一水準後，無論是在上海、馬德里、東京、新加坡還是日內瓦，人們家裡的汽車、家庭娛樂設備、廚房都驚人的相似，他們消費同樣的電影、同樣的音樂，穿同樣的運動衫或休閒服裝。需要的一致性依等級而類似，在更高一級收入層面上也是如此。一項對全球高級官員們出席國際會議時的穿戴所做的追蹤調查顯示，無論是來自東京、巴黎，還是布宜諾斯艾利斯，所有的人都穿法莫（Ferragamo）西裝、克莉斯汀・迪奧（CD）襯衫、古奇（Gucci）皮鞋，戴愛馬仕（Hermes）領帶和勞力士（Rolex）手錶，用潘卡・羅賓古龍香水和金十字筆。這些噴射機時代的遊牧民族，用的是美國運通卡（American Express），向義大利或倫敦訂購他們的服裝或衣飾。他們之所以如此一致，是因爲他們害怕自己被排除在這一階層之外，他們不一定喜歡這樣的飾品和服裝，但他們一定要被社會確認自己的財富和身分，他們是如此的大方，毫不猶豫地付錢，付很多的錢。

不少精明的工商界人士也洞察了這一需求點，在他們的產品中努力強化對「富翁」身分的確認。很少有人把瑞士的勞力士手錶看成是純粹的計時工具，它的賣點，就是「富翁」。這一手錶最經典的廣告語是「成功人士戴勞力士。」一隻鑲著碎鑽的勞力士，在中國的售價是十萬元到一、二百萬元人民幣。雖然瑞士的手錶工藝精良，但它的價格卻是一隻普通手錶的萬倍。這種對勞力士手錶屬於成功人士、富豪的普遍的社會認同，確實爲這一品牌贏得了豐厚的利潤。爲了證明自己有錢，有些人不惜拿出十萬、百萬買下勞力士手錶。這樣在公衆場合，他的左手就可以很有信心地放在桌面上，讓勞力士手錶在客人面前閃耀。

以直接或間接的財富展示，證明自己非常富有，是人們大規模消費意味的一個開始，儘管有些庸俗，但它標誌著一種心理消費的開始，是一種轉折，具有革命性意義。現在，在一些經濟更發達、文化水準更高的地方，這種消費正在退潮，因爲人們對富翁不再特別尊重，格調受到了人們的關注，於是項鍊越來越細，設計卻更漂亮，意味也更濃。

吃喝不僅僅是補充燃料

現在全球共有二兆美元被用於食品支出，占全部經濟活動的百分之十。光是美國人，一年就要爲吃掏出超過五千億美元的開支，包括他們在家裡、在餐館、在工廠自助餐廳、在辦公桌上，或是邊走邊吃，吃掉的那些食品。我們可以看到，這二兆美元中，滿足熱量和營養的需要可能只占到其中一部分；而且這樣的飲食態度大多產生於英國和美國。美國秉承了英國「吃喝就是補充燃料」的觀念，並將補充的過程完全自動化——麥當勞模式，使食品營養糅合在一個漢堡內，在九十秒內交給顧客，而顧客可以在十分鐘裡讓它下肚。如此鯨吞的吃法滿足了當時飢餓的渴求。數十年過去了，現在的飲食態度和方式正在發生變化，細嚼慢嚥，用心體味的飲食文化正在興起。

一九八六年，美國麥當勞速食店，準備在羅馬名勝西班牙廣場，開設第一家義大利分店，卻遭到了當地人的大力反對。義大利學者集合了當時反對美式速食文化的力量，發起慢慢吃運動。作爲速食（fast food）對立面的慢餐（slow food）日益引起人們的關注，迅速漫延到歐洲各國。許多人認爲城市的快節奏生活正以生產力和效率的名義扭曲人的生命和環境，他們鄙視高節奏的工作、生活和進食。二〇〇一年六月底的一個週末，德國波昂（Bonn）舉行了慢餐節。這一活動表明，慢餐運動已經成爲德國一種正規的活動。人們開始回到餐桌前享受食物，賞味飲食的樂趣。在許多曾經將飲食看做是果腹和保持營養的方式的地方，各種有關食品風味和品嘗的精彩講座受到了人們的歡迎，一些著名的飲食專家向人們講解各式各樣的飲食知識，教授品味方式和開發飲食的感覺，並回答關於烹調藝術的種種問題。人們越來越關心食品營養以外的東西，希望保留和推廣地方食品的特色，如快要失傳的農家食物（農家起士、義大利蒜味香腸）和古老的飲食店鋪，以使不同的食物與地域的習俗和傳統保持密切的聯繫，讓人們從進食中覺悟到更多的意趣。

與進食米麵和菜肴不同，飲料的大量消費預示著人們的飲食正在由營養向純粹的品味轉移。許多國家現在仍然在喝著咖啡，英國和美國是咖啡消費的大國，尤其是英國，僅僅倫敦金融區的大約一百五十家咖啡館，每個工作日就要煮一百萬杯咖啡，彷彿咖啡才是這座城市保持活力的燃料。三百年前出現的咖啡館，在二十一世紀又回來了。從一九九九年十二月到二〇〇〇年十二月，英國人的咖啡需求約增加百分之五十。而且，人們對喝咖啡也更爲講究。以前，人們只是在辦公室中喝即溶咖啡，根本不知道義大利咖啡加沸騰的牛奶是如何的美味、香氣濃郁。現在，人們專門到咖啡店中去品嚐精心煮製的義大利咖啡。

喝咖啡顯然太過於匆忙，對於歐美人來說，咖啡中的意味也過於簡單，飲用咖啡的意味、態度和方式似乎仍然無法滿足人們日益強烈的賞味欲求。於是，與這樣的欲求相呼應，茶開始風行。二〇〇一年，茶是世界上消費量僅次於水的飲料。在咖啡作爲主要飲料的歐美地區，茶葉的消費量也正在上升。英國人年均茶葉的消費量是三點六公斤，德國人是一公斤，法國人是二百三十克。法國人正在迎頭趕上，自一九九八年以來，綠茶的銷量每年增加百分之三十。法國人認爲喝茶不僅有許多益處，還需要時間，你必需坐下來，慢慢品味。這種飲用的樣式，很適合人們的心情。茶打開了人們的想像力，讓人們的思緒開始旅行。透過茶，你會瞭解其他民族不同的文化和生活品味。在歐洲人看來，茶體現了人們對幾種傾向的追求：重新回到追求味覺的傳統；具有東方神秘的色彩，對異國文化的好奇心；亞洲及其生活藝術的魅力對他們的吸引力。人們總是期望能從飲食中體悟出更多的意義和趣味，吃、喝只是一種賞味的過程，有所感悟才是它們的眞正目的。

在中國，賞味成爲飲食的基本標準已有數千年的歷史。中國一定曾經是一個社會和經濟相當發達的國家，因爲中華文化，尤其是飲食文化中強調「味」是飲食第一講究的共識就證明了這一點。自有文字記載以來，中國人的飲食目的，除了果腹，大多都非常強調口味、風味、情致和精神的意味。僅僅是飲茶，就是一門深邃的學問，不僅茶葉、茶具、沏茶、飲茶學問深厚，意趣無窮，而且茶壺、茶杯、茶托、茶海、茶爐也有種種講究，各呈風貌。瓷茶壺、陶茶壺、紫砂茶壺歷史悠久，傳承的故事意味深長。

儘管並不是每一個中國人都具有如此完備的物質條件去賞味飲食，可是中國人飲食習慣卻頑強地堅持著賞味飲食的文化：即便是喝一碗豆漿，吃兩個燒餅，他們也會靜靜地坐在家裡的餐桌旁或臨街的小攤上細嚼慢嚥，吃出其中的滋味來。在中國到處都是這樣的平民百姓，他們喝白開水，也能體悟出箇中的各種風味，並能準確地將其描述出來。

中國可能是飲食文化最爲濃郁的中心地帶，在這裡，幾乎每家每戶甚至每個人在宴請賓客的時候，都有自己的拿手菜，幾乎每個人在飲食上也都有自己獨特的嗜好口味和賞味能力。這是中國成爲世界頂級飲食文化大國的基礎。在中國周圍，如韓國、日本、越南、印度、泰國、新加坡、馬來西亞等國，民衆也都有類似的消費習慣。這一習慣在如此廣大的地域和如此長久的歲月裡得到傳承，足以支持這樣的判斷：全世界絕大部分的人正在賞味飲食而不僅僅是爲了果腹。

賞味飲食的態度和方式在全球有擴張的趨勢。曾經富裕的，正在富裕的和已經富裕的人們正在表現出這樣的慾望。全球食品業爲了激起顧客的這一消費慾望，紛紛從消費者的品味入手，它們不惜斥資數十億美元，同時通過監測人們購物的內容和消費習慣，仔細瞭解人們品味的變化。光可口可樂在亞洲就有二百五十個種類，以滿足人們對不同口味的需要。全球化的過程使人接觸到越來越多的食品和風味，注意到各種食品的意味和文化。在二十世紀七○年代，民意調查機構的調查證明了「新鮮」在高檔食品市場上極有號召力。人們不僅希望吃飽，還希望味道好，味感純正、新鮮、自然。

隨著全球食品技術變革的推進，我們可以吃得越來越豐富；隨著冷凍包裝和運輸技術的改進和栽培技術的發展，我們可以吃到本土或本季不能生產的食品。我們可以通過旅行吃到各地的風味，我們也可以在寒冷的冬天裡吃到南方的草莓、紐西蘭的蟠桃。在世界各地的一些大城市裡，一年四季都有葡萄、香蕉和西瓜上市。大的水果店佈滿了四時鮮果，從荔枝、黃桃、榴連到紅牡丹，應有盡有。只要市場需求，超市裡可以有肯亞的荷蘭豆、埃及的大蒜、法國的蘆筍、巴西的木瓜和馬來西亞的楊桃。你可以在春節裡享受法國的葡萄酒、義大利的火腿、馬來西亞的西瓜和越南的米飯。總之，吃喝什麼和怎樣吃喝豐富了我們的閱歷，使我們賞味的能力因此而發達。

因爲缺乏歷史和食品文化的深度和廣度，美國人在經營食品時，往往把食品做成時尚，而不是如法國人把食品做成有文化內涵的經典。由於不願落伍的壓力，青少年吃著漢堡、炸薯條，喝著可樂。吃美國人的東西，在年輕男女的眼裡，更多的是時髦、搖滾與有趣，而不是營養、新鮮、自然和正餐。

多少年來，食品的文化意識經常侮辱和激怒那些與自己的飲食禁忌相衝突的人。超市貨架上的麵包、玉米、土豆❷、米飯、辣椒和許許多多的普通食物，都有可能是這個或那個民族的宗教象徵，有些東西，一旦供俸以後，就有幾分聖靈的性質。古代埃及人認爲洋蔥代表多層的宇宙，他們面對洋蔥的感覺就如同今天的西方人面對《聖經》的感覺。這種強大的文化力量，使許多人即使面對飢餓或死亡，也不會去食用那些具有宗教象徵的植物和動物。二〇〇一年五月，據傳，開在印度的麥當勞分店用牛油炸薯條，受到了印度人憤怒的抗議。飲食在這裡意味著某種信仰和精神。

在某些時候，食品的文化意味可能會高於經濟意義。糕米團與蛋糕在中國納入了文化樣式，具有非常實在的文化意味。人們在喬遷、生日和新春的日子裡，這些食品是「高高興興」、「團團圓圓」的意思。由於缺乏對食品文化的瞭解和尊重，食品公司往往把食品做成了時尚，不少食品公司希望能像巴黎的時裝設計師一樣，開創一個新的食品時尚，以影響大衆食

❷在中國大陸稱馬鈴薯爲土豆。

品消費的風格，結果自然是以失敗告終。他們忽略了一項文化規則：食品是經典的好，而服裝是時尙的好。食品講究的是歷史、風味和民間傳說，時裝講究的是當下的情趣和審美傾向。只是食品和時裝的發展有一點是共同的，它們都希望被文化認同，並且能更多地意味著文化。在中國，你能夠將一種普通的食品吃出滋味來，人們會認爲你是一個很有品味的人（你知道其中更多的意味，那你品味就更高）；如果你沒有能力將一種風味濃郁的食品吃出滋味來，人們視你爲一個非常粗魯的人，同時會認爲吃下去的食物被浪費了，因爲你沒有感覺到這一食品最珍貴的部分——風味。這樣的文化意識將很快在全球普及。

脫物現象：服裝成爲文化的象徵

如果說，人們飲食從果腹轉爲賞味，從賞味轉向感覺到種種文化意識的變化，仍然沒有改變以食品爲主、以意味爲輔的格局的話，那麼服裝則已經基本從禦寒、遮羞爲主的物質社會的功能，轉向意味著時尙、舒暢、身分和個性的文化功能。服裝的這一物質功用向文化意味的變化，日本人稱之爲「脫物現象」，即物質的價値與功用已從人們的眼中淡出，消費者購買的是某種文化意味。脫物現象不僅僅在服裝方面表現出來，在其他方面也已形成趨勢，只是服裝由物質功能向文化意味轉化得較爲迅速和經典罷了。

在近一百年的發展過程中，服裝越來越與文化的變化趨同，兩者關係日趨緊密。一部百年的時裝史，幾乎是一部時尙史，一部文化符號的發展史。時裝公司和設計大師都心知肚明，時裝設計的第一要素是尊重消費者的文化特質和認同，因爲文化主導了時裝的潮流（包括服裝），文化意味的深刻和顯現的水準決定著時裝的基本價值。設計大師們盡力解讀種種文化意味，以自己的體悟，演繹各式各樣時裝，表現出經典的情趣、個性、時尚和身分。服裝公司則極力張揚文化意味，宣傳品牌和歷史，移入觀念和故事，製造趣味和時尚，對文化推波助瀾，極力使自己的品牌成爲某一文化族群的象徵。人們文化意味的強化，時裝設計大師的體悟和精準的演繹，以及時裝公司的積極推動，最終形成了對服裝文化意味消費的普遍的認同。人們知道自己穿何種品牌、何種款式、何種色調才是適宜的，才能表現出自己的個性，在何時何地穿何款服裝意味著什麼，服裝文化意味的社會化已經成爲一種文化狀態。

在人類歷史的大部分時間裡，服裝最初滿足的是人類一種生理和倫理的需要，即保暖和遮羞。而在近千年的歷史中，服裝表現出一種權力和功能性需要：即官服和武士在服裝的文化意味上占了主導地位。在不少世紀裡，服飾與權力的意味結合在一起，直至二十世紀初這種風氣依然盛行。路易十四、拿破崙、拿破崙三世，都曾以服飾作爲判斷一個人階級的標準。在查理王朝時期，西班牙服飾在歐洲占統治地位。文化復興時期，義大利服飾在歐洲到處流行。二十世紀初，上流社會仍緬懷豪華的王家氣派，時裝竭力表現婀娜多姿的婦女形象。這種婦女頭插搖曳的羽毛，戴滿珠光寶氣的首飾，身穿鑲有花邊的衣裙。權力與富麗堂皇爲伍。

近一百年來，服裝才成爲大衆文化標識的一部分，形成了大衆化的流行趨勢。譬如，時髦和前衛的意味往往與裙擺的長短緊密相關。一九〇〇年前後，歐美婦女的連衣裙較短，形態像直筒。一九四〇年時，婦女長長的上衣遮得裙子只露出幾公分。一九六〇年以後則是超短裙風行（開始是裙邊在膝蓋之上十八公分，最後裙長總共才十八公分）。

社會環境和文化意識的變化和晃動，主導著服裝的基本變化，而服裝在長短與大小之間有節奏的演變，其中有一個清晰的輪廓。美國人文學家A·L·克洛勃（一八七六—一九六〇）曾對服裝的歷史潮流進行過研究。在統計了一七八七到一九三六年圖片上的服裝尺寸以後，他指出，在服裝演變過程中存在著有規律的節奏，一個節奏在時間上的長度可以持續一百年左右。每個節奏期間，其服式有一個基本的框架，衣服的長度和寬度是這些變化的主要標誌。克洛勃說，連衣裙大約在一八一一年、一九二六年的時候比較緊窄，在一七四九年、一八六〇年時最爲寬鬆。近三十年來，這種變動加速了，每隔七、八年，服裝在長短寬窄上都會有一次明顯的變動。

服裝款式現在已經與（文化主導的）生活方式關聯起來。許多人對衣服的選擇主要取決於服式是否符合他的個性和生活態度。今天，禮服已很少在公衆場合出現，大家的穿著樸素無華，休閒舒適成了穿衣的主要理念。輕鬆舒坦地接待賓客和工作學習需要這樣的服裝風格。青年人在衣著方面講究的不是精緻與華麗，他們極力避免節日盛裝那種呆板的感覺。尊重自然和反璞歸眞的潮流，使人們喜歡穿舊衣服，出現了假褪色的藍色工作褲、磨洗過的牛仔褲、眞絲或卡其布料做的各種服裝，甚至有假的補丁。正裝的領子、袖口，不是從硬挺變柔軟，就是被取消，留下短袖圓領甚至只有身體上的一段背心。近幾年，矽谷的生活方式更加速了這一風尚在全球的擴散。這些服裝首先滿足了文化的需要，其次才是穿著的需要。

服裝中表現出的強烈的文化意識，在服飾與政治的密切關係中被突顯出來。比如，嬉皮用雜七雜八的僞裝服式表示他們的政治思想觀點。他們突出地表現隨意和放縱，穿的服裝，有似一段破布、一塊台布或一條陳舊的被單。這一切都演化出一種次文化的語言，即以這種反叛的樣式對資產階級的秩序提出了控訴。

當然，將文化意味注入服裝是有其明確的市場和價格目的的。在十八世紀末和十九世紀初，爲王后瑪麗．安多納德縫製衣服而在歐洲各國王室享有盛譽的女裁縫漢．貝丹製作的服裝，價格相當昂貴。有一襲連衣裙價值五千法郎，價格等同於現在一百萬法郎。這裡不僅包括了布料、手工技術的價值，更多的可能是象徵地位、權力的那一種文化意味的價值。在二十世紀六〇年代的中國，當一件襯衫的基本功能是保暖和遮羞時，它的價格是人民幣十元左右；七〇年代，當一件襯衫的布料和加工都是上乘時，它的價格上升到一百元，滿足的主要是品質需求；八〇年代，當襯衫被加工時，必須講究品味，如同工藝品般，它的價格上升至一千元；當一萬元的襯衫出現時，襯衫相當於藝術品，設計師一定是大師，滿足的就是精神需求了。

服裝的文化經營不僅必需符合文化的趨勢，還要主動地移入許多文化意味，以烘托其價值，將優秀而理想的設計、設計師、品牌、色彩、紋樣、歷史與服裝聯繫起來，以系統地滿足人們對服裝物質和文化的多重需求。

一件價格爲二萬元人民幣，甚至更爲昂貴的時裝，必須注入許多社會公認的文化因素。其一，它應該是名牌，是國際名牌，是那種人們一望便知的品牌。這一品牌在世界發達的國家、發達的地區、一流的商業街中的頂級時裝店裡出售。這一品牌的知名度需達到這樣的境地：你一定得知道它，如果你不知道它，人們立刻就會認爲你太無知或生活的層次太低了。穿上這一品牌，許多人的頭會比平時昂得更高，因爲它幾乎代表了一種相當高的品質、品味和地位；其二，它一定是大師設計的，這樣的大師在全世界屈指可數，人數不會過百。每一位大師都在一種設計思想和風格上達到了極致，登上了服飾藝術的巔峰。他們將布料「演繹」到了出神入化的地步，以致於人們都相信，經他們設計的時裝都幾乎成了藝術品，價値不菲。所以，只要有大師接觸過的痕跡，譬如在服裝上有一個大師的簽名，顧客就會掏出許多錢去購買他們的作品；其三，色彩、布料的紋樣、質地都應當被精心挑選，成爲設計的一部分。不僅這些布料的質量上乘，原料和染料是環保和綠色的，而且色彩、紋樣的意味被充分地「演繹」，使人清晰地感受到一種文化的銜接和普遍的認同：華彩的或樸素的，時尚的或經典的，深刻的或輕快的，抑或是多重複合的，意味整一的和諧或對立統一的緊張。種種意味被充分地個性化地運用展開，人們都能從中深刻地感受到這一個性特質，甚至被這種個性化的表現所震撼。這才是今天人們對服裝的第一需要。當然，布料的、工藝的、製作的基本生產標準一定是要達到的，這已固化爲必需的基礎；人們雖然忽略了這些，但它們是不可或缺的。

服裝的這段發展歷史和經營策略使我們看到，人們的需要已漸漸地從物質中游離出來，而進入文化層面。文化的需求正在壓倒物質的需求，文化意味成爲人們最大的需求。

非物質的需求日益滋長，這是心經濟萌生的基礎。在文化生產仍無法滿足人們的文化需求時，人們往往從物質產品中去尋找文化意味，以慰藉心理和精神的渴求。在物質非常充裕的城市、地區和國家，這種非物質需求的滋長是如此的一致，經濟水準的提升與文化需求的滋長幾乎同步。在那些地方，在擁有財富的族群中，無論飲食、服裝、建築、汽車業，還是首飾業，都經歷了從注重功能到注重形態（設計）、意象和精神的過程。在發達的國家或地區，每一種物質產品都保留了功能的性質，同時也具有了非常好的形態，人們在各種物質產品上投入了種種意象和精神。這也包括人對自己身體本身乃至每一個城市，甚至是一個國家和社會的投入。不少城市正在勾勒自己獨特而富有深厚民族文化韻味的形態，創造一種城市的氣象，彰顯出這一城市的精神，這一切都因爲人們需要。可以說，正是文化的非物質的需要催生了這一切。

二〇〇一年七月，羅格（Jacques Rogge）當選爲新的奧會（IOC）主席，他當時宣布放棄醫生職業（羅格爲比利時外科醫生），放棄奧會的薪酬，全身心地投入奧林匹克事業。當他放棄這些物質欲求，而努力抒寫奧林匹克新的意義時，人們都認爲羅格的選擇是對的，因爲在今天，意義對於大多數人來說已遠遠重於物質。當薩瑪蘭奇（Juan Antonio Samaranch）先生把象徵奧林匹克總部（瑞士洛桑）的鑰匙交給他時，薩瑪蘭奇，這一位奧會歷史上的傑出人物，也把奧林匹克精神和他曾經書寫的意義傳給了羅格。這一歷史性的過程完全是在虛擬的符號、樣式中完成，但是其意義一定比物質更偉大，人們也更需要。人們需要意味、意趣、意義，需要心理和精神這些更偉大、更深刻的東西，它將催生一個新的時代。

第二章　人類進入了心時代

這個世界處於人類歷史上物質經濟最爲發達、物質生活最爲滿足的時代，也是寂寞、無聊和憂鬱最爲突顯的時代。人們是如此的空虛，心是如此的飢渴，心理和精神疾病幾乎與物質同步增長。在上個世紀，中國曾經流行這樣一句話：「高官不如高薪，高薪不如高壽，高壽不如高興。」快樂成了人們的第一追求。可以說，這個世界是快樂的，但我們並不感到快樂；我們具備了幸福的條件，但我們並不感到幸福。美國人說，他們什麼都有了，就是沒有幸福感。這就是因爲文化的渴求沒有被滿足。

心靈的需要不可能用物質去滿足，在物質中注入文化的意味，也不可能滿足人們心理和精神的需求。在物質的需求、物質的文化需求滿足之後，文化的需求出現了。人們需要感覺，需要滿足視覺、聽覺、味覺、觸覺的需要。人們需要電視、電影、雜誌、報紙去感覺些什麼；需要音樂、戲劇，雨打芭蕉、泉水叮咚的體驗；需要體味四川的辣與湖南、貴州的辣有什麼不同，體味數千種乳酪的不同風味；需要坐在陶吧、布吧裡做些什麼❶，創造些如意的東西發展

❶中國內地都市近年來流行所謂的「時尚吧」，大概分爲三類，一是傳統意義上的「酒吧」、「茶吧」；二是有一定文化內容的「特色動手吧」，如「畫吧」、「（織）布吧」、「寫作吧」、「歌劇吧」、「（製）陶吧」等；三是營造品味的主題吧，如「球吧」——店內擺放的是關於足球的一切事務。

我們的藝術品味（或技藝）。人們需要情感、安全、歸屬，需要友好的、美的（藝術的）、善的（道德的狀態）以及與此相關的種種情感經歷和故事，希望這些能充滿著我們的心靈，滋潤著我們的生活，甚至成為我們生活的主體或靈魂，我們願意投入更多的生活在情感與思想裡。我們還需要精神，即那些深刻的思想，那些實現著的自我價值和被人尊重、被社會尊重的感覺。這些文化的需求是如此的強烈，但在社會、經濟和文化中卻相當匱乏，使得大多數人感到心的飢渴。

金錢買不到幸福

英國紐卡斯爾大學（University of Newcastle）桑德斯博士，在測試了一千四百個志願者的支付能力，同時又對他們在擁有物質利益後的心理狀態進行核實後指出，購買豪華住宅、賽車和名牌服裝，不但不能像常人所想的那樣可以通往幸福，反而會導致壞情緒。大城市中應有盡有的購物中心，已經成為許多人瘋狂購物的場所，以實現「購物中心治病」的想法。這位心理學家和他的同事們以科學依據證明，金錢和購物不僅不能幫助人們戰勝沮喪情緒，反而會導致沮喪，而且在大多數情況下還會加重這種病態心理。現在很多人都已經認識到金錢能買到婚姻，但買不到家；金錢能買到床，但買不到甜美的睡眠；金錢能買到阿諛奉承，但買不到人們由衷的尊敬；金錢能買到美食，但買不到食慾；金錢能買到搭檔，但買不到朋友；金錢能買到妻子，但買不到愛情；金錢能買到音樂，但買不到感受……

在科學、客觀、理性當道的時代，我們對這種心靈的渴求似乎很麻木，而事實是，我們中的許多人並不開心，他們的生活狀態非常糟糕。在中國有許多人「端起碗來吃肉，放下筷子罵娘。」在美國有更多的人鬱鬱寡歡。美國精神健康研究所的統計顯示，一九九八年全美有一千九百萬人患上了憂鬱症，實際患病人數遠不止此數。一般認爲，美國每年患憂鬱症的人數占成年人總數的百分之十，每八個美國成人中有一人因患憂鬱症而被迫求醫，尋求治療。每十人中就有一人存在自殺企圖，有百分之八十的死者完全符合憂鬱症臨床診斷標準。美國人每年爲治療憂鬱症得付出四百三十七億美元。在美國四千四百萬個家庭中，每個家庭平均至少有一人長期被病痛所折磨，而由此引發的濫用藥物的問題，更是一發不可收拾。約有四百萬美國人非法取得鎮靜劑、止痛藥、安定劑或興奮劑等處方藥。在法國這種狀況更甚，每年大約有三百萬人患憂鬱症，每五人中就有一人（佔居民總數的百分之十七到百分之十九）在他的一生中出現過比較嚴重的需要治療的憂鬱症症狀。發展使這個世界一切都充裕了，但靈魂卻感到飢餓。人們什麼都有，卻沒有快樂和幸福，至少沒有快樂感和幸福感。人們的心理和精神充滿著飢渴，尤其是在經濟發達國家，這種文化渴求正在迅速上升。

顯然，我們還有許多需求未被滿足

一些社會學家、心理學家提出人類有非常複雜的需要，另一些心理學家將它歸類，指出人類大約有十五種需要。一項研究列出了人們可能存在的三百多種具體慾望和價值取向，請二千五百多位志願者回答了有關的問題，研究人員利用一種叫做因數分析的數學方法把志願者的回答歸納成十五種基本的類別。它們分別是：

好奇：學習的慾望。
食物：吃的慾望。
榮譽：希望遵照某種行爲準則。
拒絕：害怕被社會排斥。
性：性行爲和性幻想的慾望。
體育運動：開展體育活動的要求。
秩序：日常生活中達到所希望程度的組織性。
獨立：獨自做出決定的慾望。
社會交往：與他人交往的慾望。
家庭：和親屬在一起的慾望。
社會威望：渴望獲得地位和受到肯定。

馬斯洛（Abraham H. Maslow）的等級需要理論，使我們清楚而簡約地看到了人類的需要。他把人類的需要劃分爲五個等級。在《動機與個性》及《通向一種關於存在的心理學》兩書中，他對這五個等級的需要作了系統的描述：

生理需要：空氣、水、食物、睡眠、性生活。

安全需要：房屋、保護、安全感。

愛與歸屬感：愛、友情、被他人接受。

尊重：自我尊重、被他人尊重（威信、身分、成就）。

自我實現：自我發展、自我實現、豐富經歷。

在今天看來，這樣的劃分似乎太清晰，太刻板了，與人們的文化觀念不相吻合。水雖然主要是滿足人們的生理需要，但是喝河水與喝自來水或礦泉水在其文化意味上有很大的差別；在西方，性、愛和婚姻分得很開，但在東方，性則可以落實在馬斯洛五個等級需要中的任何一個等級上。在一段很長的歷史中，中國人就是這樣認爲的，並且從多種混合的需要出發來認同這一需要。

我們將這五類需要綜合，再分爲兩種需要：客觀的需要和主觀的需要，或者是物質的需要和精神的需要。這樣，我們把馬斯洛的生理需要和安全需要的一部分歸入客觀的或物質的需要，而安全（主要是安全感）、愛與歸屬感、尊重和自我實現的需要，則歸入主觀的或精神的需要。

馬斯洛的等級需要理論是一項重大的貢獻，是他發現了人類的需要是呈梯度逐漸遞升的。在相對低一級的需要被滿足以後，這一需要的慾望會淡化，人們會追求相對高一級的需要，即當生理需要滿足後，人們會去追求安全需要，依次而逐級遞升。我們發現，在生理和安全需要與愛、歸屬感、尊重和自我實現之間有梯度遞升現象存在，但是在愛、歸屬感與尊重和自我實現之間並沒有明顯的梯度遞升現象。在生理和安全需要滿足之後，人們主觀的、精神的需要是同時或分別出現的，但它們內在並沒有必然的前後秩序。

生活在感覺中的「卡西莫多」

人有三種生命：一是生理，二是心理，三是精神。人們因生活水準和意願的不同，對此會有所側重。相應的，人們又生活在三種生活之中：一是生理生活，二是心理生活，三是精神生活。在一個物質非常貧乏的時代，只有少數人有心理和精神生活，人們為生存而竭盡全力。在溫飽無憂之後，人們主要的生活是心理的或精神的。它們不僅存在著，而且有那麼豐富的個性和深刻的感覺。今天，各種主義、流派、類與另類都是一種心理和精神生活的不同的旗幟。各種藝術的主義、流派、類和另類更是社會文化的心理和精神的集中反映。全世界各文化族群對生活的價值觀、風格、習俗是這些主義、流派、類與另類的基礎和源頭。

我們當中一部分人的生活已經進入一種精神境界中，他們生活得很理想。從背著香袋在禪寺進香、遊學的禪宗信徒，到去朝聖、禮拜的各宗教教徒；從成千上萬個馬克思主義研究所的研究員，到奧林匹克前主席薩瑪蘭奇和聯合國秘書長安南（Kofi A. Annan）；從南丁格爾獎的獲得者和一大批白衣天使，到世界各地的志願者隊伍……這些人有著堅定的信念、使命感，他們護持著這種神聖的信仰，並讓這種信仰主導著他們的生活。

我們中的大部分人的大部分時間，都生活在心理狀態中。他們生活得很快樂，像安東尼・

奎恩（Anthony Quinn）。

大多數人知道安東尼．奎恩（Anthony Quinn），是因爲看了《巴黎聖母院》這部影片❷，他在片中扮演的醜陋而善良的敲鐘人卡西莫多（Quasimodo），讓人留下深刻的印象。安東尼於一九一五年出生在墨西哥的奇瓦瓦（Chihuahua），父親是一名愛爾蘭攝影師，母親是墨西哥的印第安人後裔。大蕭條時期，他跟母親一起來到洛杉磯，爲了生存，他什麼都幹過，甚至當過拳擊手。一九三六年，安東尼開始與電影結緣。一九五六年他在法國影片《巴黎聖母院》中飾演卡西莫多。該片在全世界引起轟動，爲他帶來了極高的聲譽。他後來主演的《希臘人左巴》（Zorbathe Greek）於一九六四年獲得六項奧斯卡大獎，成爲他演藝生涯中的經典之作。

安東尼活了八十六歲，他一生是生活在他所追求的情感狀態中。安東尼很有女人緣，先後有過三位合法的妻子，被他征服的女性更是不計其數。他說：「我最大的願望就是永遠做我愛戀的女人們心中唯一的愛人。」談到養生之道時，他說：「我的秘密很簡單：生活重心必需有孩子、橄欖油和鮮花。」三個妻子加上衆多的情人，總共給他生了十三個孩子。在他去世時，他們當中最大的已五十八歲，最小的只有四歲。安東尼一生拍過一百三十多部影片，七十多歲的時候還在拍戲。他說：「我演戲是爲了掙錢。錢，我可以沒有，但我的家庭不能沒錢。他們喜歡過舒適的日子，這很費錢；就我一個人的話，有兩條褲子就夠了。」

安東尼．奎恩的一生爲情感而工作、而掙錢，生活在他所追求的文化狀態、工作狀態和生

❷Notre-Dame de Paris，台灣譯爲《鐘樓怪人》。

活狀態之中。雖然，我們許多人與他的願望有所不同，但是，依我們各人的意味或理想而生活，則是大部分人的生活狀態。我們都想生活在我們的意願之中，並讓我們感受到，我們確實生活在這一狀態之中。但是我們的生活供應商仍然多注重物質，而忽略了我們對意味的需求。我們缺少生產意味的人、公司、行業和產業。只要我們的經濟還沒有成爲心經濟，我們就無法從我們的社會狀態和經濟運行中獲得意味的滿足。但是，我們的心理和精神需求確實存在，而我們如此這樣有意味地生活著，主要是我們個人或家庭努力的結果。

煥然一新的世界：我們需要感覺

我們曾經生活在物質之中，我們做一些有意義的工作，我們努力使工作和生活有意味、有意趣、有意義。五十年前，那些意味也只是生活和工作的附屬品。現在，人們已完全進入文化狀態，內心的價值觀、人生觀、世界觀要得到呼應，美的、善的、眞的要有所感受，快樂和幸福要能夠被時時體悟，我們直接地，而不是間接地要求生活在感覺之中：或是驚險，或是快樂，或是戲謔，或是莊嚴，我們的心都想體驗，我們要享受種種感覺。在中國、不丹、印度、埃及和阿根廷，在那些天然資源豐盛、文化淵源久長的國度和地區，人們早已生活在感覺之中，主要追求的是快樂和幸福的感覺，其次才是快樂和幸福的基礎。在需要依靠科學和製造才能生存下去的國度和地區，社會和經濟的發達也使人們躍入了這一層面：追求生活的意味、意趣和理想，注重情感和感受。《時代週刊》評述一九九七年的世界大事時，提到了「德蕾莎修女（Mother Teresa）亡故」、「麥戈伊七世（McGaughey Seven）誕生」、「戴安娜王妃（Princess Diana）香消玉殞」。一九九八年美國總統柯林頓（Bill Clinton）的私生活爲全球津津樂道。這個世界的文化傾向改變了，許多需要轉向了情感、態度、氣質、風格和個性；轉向了意義、意味和意趣。

我們把無知無覺、不知不覺的生活定義爲虛度時光，我們拋棄乏味的、缺少意趣的工作。而在二十年前，我們還認爲工作著就是意義，生活著就是意義；現在這一切正在淡出，人類生活已上升到了一個新的生活層面，即文化生活的層面，那種爲我們的觀念和方式而生活和工作的層面，而不是生活和工作本身。我們需要的是那種事物和方式的「意味」，而不是事物和方式的本身。我們要有「這樣的」文化感覺，而不是「這樣」。我們需要的是「這樣」的感覺，而不是「這」。

我們現在已熱衷於花錢買無形的感覺。在日常生活中，我們需要一些好的感覺，以頤養我們的心情，這是我們新的生活需求。在中國，幾個朋友在一起聚餐，即便環境很好，有山珍海味，有陳年佳釀，但是話不投機，趣味蕩然，人們會認爲這頓飯吃得「沒意思」，很掃興。「酒逢知己千杯少，話不投機半句多」，唐朝大詩人李白的這句詩，能傳誦至今，說明了中國始終有注重「意味」的文化傾向。今天的英國人在家中宴請客人，也會聽從公關專家的勸告：多準備幾個精彩的話題，並努力使談話有趣。

我們希望有好的感覺。喝武夷岩茶，最有價值的，是茶入口中時的那種厚醇感；吃海蜇皮時，是那種富有彈性而又脆生生的碎裂感。我們購買傢俱，不僅造型、紋樣、色澤要適意，而且手感要好，光潔而不滑溜，親和而不黏滯，摸上去有「傢俱」感。腳踏的地板，腳感要好。將屋內設計成夾層，使腳上下樓時有變化的樂趣，三層地板疊架，軟硬錯置，腳下支撐有力，但不生硬，要有彈性和律動感。

我們已經從滿足生存的急切心境中解脫出來，現在，我們需要感覺，需要體悟種種意味。我們坐火車已不是爲了旅行，我們只是爲了坐一坐火車，體驗坐火車的樂趣。東方快車，從維也納到伊斯坦堡的這趟列車，你不是想到哪兒去才坐上它，而純粹是爲了坐這趟列車。它給乘客（純粹的乘客，而不是旅客）提供這一列車線上的一則童話、一個關於古陸風情、關於香檳和魚子醬的故事，但更多的是坐車的感覺。荷蘭官方航空公司KLM每年出售價値一百萬美元的機票，爲的是讓人們只是去坐飛機。乘客登上飛機，只是爲了感覺飛行中的樂趣。他們來回往返飛行，到達航班終點，也不出機場就往回飛。其吸引力不是免稅購物也不是高額折扣的票價，而僅僅是飛行。還有一些人喜歡航行，他們會將辦公室安置在遊輪上，或是退休後，定居在那裡。一位長年居住在遊輪上的老太太認爲，這不僅滿足了她的要求，而且相當合算；在養老院，她每月支付近二千美金，在遊輪上不過是多付了幾百美金。而與在養老院相比，在遊輪上的感覺好多了。

看電影比吃飯重要

爲了看一部好的電視劇，全家人會急急忙忙吃完飯，圍著電視機度過一個令人趣味盎然的晚上。爲了看世界盃足球賽，有許多球迷會暫時放棄工作或放棄睡覺，一些國家爲此還調整了作息時間，一些國家首腦爲了不耽誤看世界盃，而在國際會議上遲到早退。爲了趕一場電影或一場足球賽，許多人會不吃飯，在就近的商店裡買一些點心，塡飽肚子了事。身體的需要根本不再重要，重要的是心靈。這顆心需要大量的動心的經歷、動人的故事和動情的關係（人與人的、人與自然的、人與社會的關係）。

這個世界是如此的遼闊，如此富有個性，如此的動人；而我們的生活是如此的單調，我們的心是如此的寂寞和無聊。我們的心需要經歷，經歷種種故事、場面和情感；而且，今天我們有足夠的能力去經歷。人類第一次爆發出這種普遍的心靈的需求。世界各地都出現了這樣的場面：不是心靈消費就是被心靈消費。這種場面從非洲腹地撒哈拉沙漠的探險者，到地中海沿岸懶散地躺在沙灘上的遊客；從到中國大理來定居的歐洲人，到亞馬遜河上遊動的人群，都在世界各地鋪展開來。絕大部分人都有在已經打開的世界視窗瞭望一下的要求，他們希望到世界各地去看一看，我們生活在一個怎樣的世界上；總想經歷一下這個世界，看看世界上的人和人們所認同的文化，以便瞭解我們這個星球是什麼樣的、人怎樣、動物和植物怎樣，不同的文化又怎樣地生活。可以說，人們非常渴望瞭解這一切，經歷這一切。人類已經積聚了「旅遊情結」，許多人已經人在旅途，更多的人準備踏上旅途；如果條件許可，幾乎所有的人都想走遍全球。

人們需要動人的經歷，以使我們的心靈快樂或激動一番。二〇〇一年六月八日，美國首家韓國風格、耗資四千萬美元的娛樂購物中心，在洛杉磯韓人街開張營業。每名會員支付二萬二千美元，只爲有機會在從韓國進口的黃泥裡滾上一滾，享受在泥漿中打滾的樂趣。這裡還有桑拿❸，讓你有一番忽冷忽熱的感覺，最後你也可以大跳韓國健身舞，直到大汗淋漓。美國人去那裡，圖的是快樂，健康，還有未曾有過的經歷。

越來越多的人在旅行和度假時尋求著極限事物或經歷，他們希望讓自己感動，使自己的生命擁有種種意味，讓自己的心靈得到滿足。他們會從橋上縱身跳向萬丈深淵，身上只繫著一根細細的橡皮帶；用搖擺不定的橡皮船征服湍急的河流；作爲自由攀登者，去攀爬偏僻山區的懸崖峭壁。他們參加宇宙航空訓練，在巨大的離心器裡加速到失去知覺，或者在俄羅斯的飛行員訓練基地登上米格二十九戰鬥機，參加模擬空戰。

那些騎自行車作極限運動的旅遊者，專門挑選那些能夠給他們心靈以刺激的地方，哪裡能夠提供要求很高的騎車路段，他們就騎向哪裡。他們給自己刺激，每天騎八小時自行車，穿越二百公里的山路。在奧地利哈萊因、隆高聖邁克和薩爾茨堡（Salzburg）舉行的長距離山地自行車賽，每次都有二千多人參加，有些人還整整十年都從未錯過隆高聖邁克舉行的長距離自行車賽。有些人甚至從遙遠的地方騎自行車到這裡參加這一體育盛事：他們帶著床、氣筒和大量麵包。例如從紐倫堡（Nurnberg）出發，經慕尼黑（Munich）和薩爾茨堡，趕到那裡，他們不是爲了吃，也不是爲了住，甚至連周邊優美的風景也沒有精力去注意，他們只是爲了更快更強的意味，爲了曾經騎車馳過某一段最爲艱險的山路，那一種經歷和經歷中的心情。

❸又名三溫暖或是芬蘭浴。

當然，一些二十世紀的「老派」人士會認爲他們的頭腦有些不正常。在上世紀末，有二十二人，每人出資二萬二千美元，向南極進發，成爲首批在南極跳傘的平民。其中一人說：「別人認爲我們把生命當兒戲，而事實上我們懷著對生命的無比渴求，我們想經歷一切。」世界確實在變化，變得與我們過去有些不同，甚至截然相反。人們會看到更多的人加入這樣的心情旅程。二〇〇〇年一月，太平洋國家的一些居民，參加了一場新世紀第一個看到日出的人的比賽，誰都想最先得到這一「意味」。成千上萬人參加了角逐，那些可能第一個看到日出的地方擠滿了人。許多人滿意而歸，許多人懊喪不已（因爲當時當地雲遮霧擋沒能看到日出）。

理想的生活已經在我們的眼前，我們就生活在其中。對於曾經生存有憂、安全不保的人類來說，今天的生活是理想的。讓我們生活在理想之中，生活在我們所願意的場景之中，生活在我們的文化所願意的狀態之中是新世紀的理想生活。在這裡，理想是一種狀態，是一種場景，是一種意味或氛圍。一個文化族群都有一系列的觀念、個性和習俗，我們希望這些觀念、個性和習俗成爲一種現實的狀態，讓我們感受。另一些文化族群也有一系列的觀念、個性和習俗，我們也希望這些觀念、個性和習俗能夠成爲一種現實的狀態，讓我們去觀光、領略和分享，讓我們的心靈也感到舒坦並富有意義。我們在進入這種理想，進入構成這種理想的文化，進入這種文化所主導的場景和生活狀態。

從美國的舊金山出發，往東開車行駛一個多小時，越過一片綿延起伏的丘陵，就到了加州的布林沃德地區，出現了望不到邊的櫻桃園，紅紅紫紫的櫻桃在綠綠的枝葉間隱約地閃現。這裡距矽谷不到兩小時的車程。每年的水果採摘旺季是四月到十月。這裡各種水果最佳的採摘時間依次是，四月到七月摘草莓、五月到六月摘櫻桃、五月到七月摘杏、六月到九月摘白桃、水蜜桃、梨和雪梨、七月到九月摘蘋果。

每逢節假日，來自舊金山、矽谷等地的汽車一輛接一輛開進農場。這些大多是家人、朋友一同出遊，很多人備好了飲料和午餐，他們希望在那裡「生活」一天。在果園裡走走，聞聞水果的清香，看著纍纍碩果，的確是一種難得的生活享受。果園的主人備有梯子和裝水果的塑膠桶。大家爬上爬下，摘上大半桶櫻桃。身上汗涔涔的，一家人坐在樹下小憩一會兒，品嚐著剛剛採下的櫻桃，看著孩子們興奮地跑來跑去，自然、綠色、清新、鮮嫩、家庭、快樂、勞動、品嚐等等，生活的意味濃濃地集聚在此時此地，讓人感到心滿意足。

果園的規矩是：免費進入，免費品嚐，想吃自己摘，帶走要交錢。果園裡的水果價格高於市內超市的價格，每磅二美元，而超市裡的櫻桃則是一磅賣一點六九美元。精明的果園主人明白，到這裡採水果的人「醉翁之意不在酒」，價格雖然貴一點，但戶外生活和休閒則是超市裡買不到的，人們想要的是這樣的場景和氣氛。

我們爲處於這種理想的狀態而工作、生活著。年輕人早已開始了出於娛樂目的而進行的感官勞動——玩電子遊戲、鐳射遊戲和虛擬現實的遊戲。很快，成年人也會允許自己沈溺於一些娛樂中，以使他們的心情有些變化。工作也將進入理想狀態，主要不再是爲了賺錢或晉升，而是爲了一種理想的生活狀態。《紳士季刊》❹對男性的工作觀進行了一次調查，結果表示，把

❹Gentlemen's Quarterly，即爲時尚雜誌《GQ》。

工作當作謀生的手段的概念已經過時了，只有四分之一的被調查者持有這一看法，最重要的則是「從工作中尋求滿足和充實感」。出人意料的是，足足有百分之二十四的人聲稱「工作是表達自我的主要方式」。

如果有可能，人們還希望進入種種文化狀態，讓自己更豐富地體驗生活。許多人都將成為不同社會文化狀態中的一個角色，讓心靈去觸摸這一角色的感受。許多旅行社、住宿地不僅僅提供安全、寧靜、舒適和美妙的景致，更為度假者提供一種身分，這些度假者希望在假期裡扮演某個角色，一個他們所十分鍾情的角色，而這一度假地就成了一場生活劇。人們歡迎這種文化狀態的消費，包括在尼羅河上扮成大偵探白羅先生❺或者是監獄中的囚犯，人們只想使他們的心靈有一個精彩的旅程；至於他們的身體，放哪兒都行。

我們生活在理想的狀態之中。理想就是那種我們所期望的場景、氣氛和關係，是那種我們所期望的意味、意趣、意境。狀態則是活生生的，是進行中的，是我們的心靈可以直接感受到的情景。電視劇《我的愛情日記》❻推廣時，用了這樣幾句話：「愛情是一種感覺，說有就有了；愛情是一種信用，說沒就沒了；愛情是一種期待，在有有無無之間。」馬斯洛所說的愛、歸屬感、自尊和自我實現，以及美、善、眞，對於人來說都是一種主觀的感覺，而我們希望生

❺Hercule Poirot，世界知名的推理小說作家阿嘉莎・克麗斯蒂（Agatha Christie）書中所創造出的神探，《尼羅河謀殺案》是白羅探案的其中一部，曾改編成電影。

❻由上海東方電視台投資拍攝的戲劇，敘述一個女人通過波折的愛情成長的心路歷程。

活使我們這一系列理想能夠實現。我們的心在渴望著，這種心靈的渴望是一種新的需要，它催生了一個新的時代——心時代。

在這個時代，我們看到了人們的需求由物質上升到心理和精神，人們在一系列理想的環境和意味中感受著、滿足著。在這個心靈的時代，人們需要的是心滿意足，而不是酒足飯飽。

心經濟

在心時代，人們爲自己的經歷、體驗和感受而付錢。人們感受、經歷並感受著種種快感。心理和精神融入到一種理想的環境或符號體系之中，深刻或廣泛的價値和交換就在這種意味的感受中產生。在這裡，一系列表現文化意味的產品被製造出來，人們知道自己主要是在消費符號、感覺和信仰，或兼而有之；生產者爲滿足人們對這一系列文化符號、樣式的認識、認知和認同，努力使經濟活動在文化之中展開，在心靈的感受和體悟中展開，心經濟就這樣應運而生了。

我們定義它爲心經濟而不命名爲新經濟，並非故弄玄虛或嘩衆取寵。一則，這一經濟形態並非簡單地從原來的經濟形態中滋生出來，兩者雖有內在的聯繫，但發生了一些革命性的變化。心經濟不是一種相對於舊經濟而言的新經濟，而是一種相對於滿足身體需要之後產生的滿足心靈需要的經濟形態。我們無法將「新」這個概念落實下去。二則，心靈的需要產生於人們的內心，其滋生形成的過程根本無法用時間和空間的意識去確定，它完全是一個密閉的虛無的狀態。當這種需要產生，當滿足這一需要的經濟被人們確認時，心經濟就有了，這與蒸汽機的誕生可以作爲工業革命的標誌不同；心經濟不存在於客觀的世界裡，而存在於人們的認同裡。我們無法用一個時間意義上的新與舊將兩者斷開並標誌出來。三則，新與舊這對概念被使用的過濫、過頻，失去了里程碑式的意味，尤其是「新經濟」已被「高科技」、「IT」、「萬維網」❼等詞同義化，並被廣泛運用，隨之對新經濟的批判也出現了。作者不想使之混淆，不想使人們對一種劃時代經濟形態的出現，被一個人們已對之無動於衷的「新」字淡化得視而不見。

對心經濟的命名，還出於對經濟形態發生顛倒，這一根本性的轉換的一種確認。在二十世紀以前的五百年裡，當經濟開始被廣泛地定義、分析並構成體系時，科學的思想體系主宰了人們對經濟的大部分看法。人以及人的需要從來不是定義經濟形態的基本標準，生產物件和生產方式或是產品、科學技術，才是定義經濟形態的基本內涵和框架。採集、狩獵、養殖、畜牧業是以生產方式定義的；農業、工業、服務業是以生產物件定義的；原始經濟、現代經濟、新經濟則是以時代或科技的水準定義的。

雖然，人類有經濟史以來，經濟活動的全部或大部分意義是爲了滿足人們的物質和精神需要；今天，卻是人類的需要和消費決定著大部分經濟活動的動力、方式和意義。在全球市場中，公司領袖和廣告、營銷、經營戰略的大師們心裡都非常清楚：消費者是上帝，消費者的滿意是經濟活動的全部標準。而我們的經濟學體系則與這一現實相脫節。經濟學家、經濟學也從

❼「World Wide Web」—WWW，在台灣俗稱Web。

來沒有將人類的需要和人本身放在一個應有的位置，即與經濟形態相聯繫，並以人的需要精準而深刻地將經濟形態標示和命名出來。

我們已經看到了人已經成爲全球經濟活動的主體，我們也知道了人有物質和精神兩種性質不同的需要，我們深切地感受到精神的（即文化的）、心的需要成爲了二十一世紀需要的主流，我們把它納入我們的視野，在經濟理論上設計新的概念，釐定新的關係，並構建新的經濟學理論。我們的需要已煥然一新，我們的經濟也已煥然一新，我們的思想不應當停滯在陳舊的框架和定義中，我們需要新的定義、新的思想和理論，以應對和促進心經濟的存在和發展。在一個發展使經濟已煥然一新、質與量的內涵全然發生革命性變化的新時代，在一個人的需要（需要的文化和文化的需要）主導經濟的時代，心經濟學理論的出現是必然的。我們必需打散固有的經濟結構和理論框架，創立新的概念，重建新的經濟模式和理論體系，讓我們的觀念、思想和方法與現實吻合起來。這樣，我們就對心經濟的形態和活動方式有一個更清晰的認識。對經濟、產業、行業、產品的特質重新加以確認，對不同經濟形態的經營、生產、管理、營銷、市場建立不同的文化、思想、風格和方式，並促使它們分別得到順暢的發展。

心經濟命名有著廣泛的社會文化基礎。身與心代表了兩種完全不同的需要，兩個截然不同的經濟發展的歷史階段和兩種截然不同的文化體系以及經濟特質。身體的需要與物質產品緊密聯繫在一起，與農業與工業相關聯；而心靈的需要與精神產品形成對位的供求關係，與服務業和心經濟相關聯。身體的需要從原始狩獵、農耕開始，在二十世紀達到巔峰。人類迄今爲止的大部分努力，主要是爲了滿足身體的需要；食品用以果腹，機械以增加體力，交通工具以延長我們運行的距離，電話、電報、網際網路讓我們感覺得更遠更多（由於忽略了心經濟，這種頑強的「身經濟」意識致使數位技術仍然被當作視聽和交流工具進行推銷，結果很快使新經濟破滅），而心經濟則標誌人類的經濟進入了一個新的歷史階段。二〇〇一年始，心經濟出現了，心的需要已經成爲人類的兩大需要之一，滿足這種需求的經濟已經存在。我們還無法確立心經濟的規模，如果將人們在恩格爾係數以外的消費，即那種生存和生理被基本滿足後的其他消費都看做是心經濟的規模，那麼這一經濟規模已經很大了。如果我們再剔除以滿足人們心理需求爲主的服務業和物質產品中文化意味所產生的那部分產值，心經濟的規模也相當可觀。這種純粹以滿足人的心理和精神需要的經濟，已成氣候，尤其是在發達國家。美國的心經濟的產值已遠遠超過了汽車、飛機，甚至ＩＴ行業的產值；美國貿易中百分之五十的利潤來之於心經濟。心經濟與身經濟標誌了經濟以二〇〇一年爲界限，進入了完全不同的兩個歷史階段。人類社會也因此進入了一個全新的歷史時期。

文化產業

心時代和心經濟的到來，催生了蓬勃的文化產業。我們把那些向人們提供某種（些）意味的產業稱之爲文化產業。這些產品滿足著人們的文化需要，包括人們的觀念、思維方式、態度、交流和習俗的需要。它們演化出種種情感，散發著豐富的意味，表現出眞理和信仰，並與人們的文化相呼應。

我們把旅遊、傳媒、電影、遊戲、廣告、娛樂、體育、休閒、化妝、博彩、主題公園、會展、博物館、節慶和民俗文化活動等等都歸入文化產業。我們還把一些曾經是服務業和製造業的產品也劃入了文化產業，理由是這些產品現在主要是滿足人們的文化需要。

我們把上海的豫園商城（城隍廟）歸入文化商業公司。這家公司現在的主營業務是金銀珠寶、飲食、工藝品和民族服裝等。這是從一般的商業公司蛻變而來的。這種蛻變由兩方面構成：一是消費者已不再認爲他們在豫園主要是物質消費，而是心理和精神消費；二是豫園商城的經營者也在經營豫園商城商品的意味，而不是物質，並以此激發消費者心理和精神的需要，及喚起「漢文化」的感覺和體悟。

老廟黃金是豫園商城的主要商品之一，它的廣告口號是——「老廟黃金給你帶來好運氣。」這一口號清晰地顯示了黃金「辟邪」的意味，以便同漢民族祈求吉祥的文化心理相呼應，並給出滿足的符號。對金首飾消費，至少有三重需要：一是保值，二是裝飾，三是意味。意味之一是「富有」，意味之二是「辟邪」。今天黃金首飾因人們收入水準提高，貴重飾品迭出，「富有」的意味已淡出，由珠寶、鑽石顯示和代替。老廟黃金突出「辟邪」的意味相當精準，被漢族文化廣泛認同，在短短十年左右的時間，這一品牌在中國的銷量約爲十億元人民幣，是黃金首飾單一品牌銷量的第一名。一些百年老店，儘管工藝相當精湛，也難以與之匹敵。

飲食，是豫園商城所經營的主體行業，其著名的飯店有「綠波廊」、「松雲樓」、「老飯店」，點心店有「南翔小籠」、「喬家柵」、「老大房」、「小吃廣場」。這些飯店主要經營的是特色、風味、名望、歷史和烹調工藝，而不是食品本身。在這些店裡進食的顧客，大多是爲名聲、風味、歷史和故事而來，爲滿足文化的感覺而來。豫園的菜系，大多是本幫菜❽的代表，尤為擅長家常菜系和小吃。人們在這裡吃的是本幫「正宗」，點心「菁華」。去綠波廊吃一餐，你就有資格談本幫菜點了。當然特色和風味是消費的「正餐」。油爆蝦，外脆內爛，香味濃重；圈子草頭❾，口感純正厚實，肥而不膩；小籠包子，一兩麵粉，包出十二個小籠，餡汁都能透見，如此種種特色，不一而足。但更多的是在消費名望。美國前總統柯林頓吃過的拉糕❿；英國女王吃過的蛟餃；億萬富翁李嘉誠點的草頭圈子……幾乎光臨上海的世界級名人，都會到豫園品茗小坐，一飽口福，因此留下許多歷史和故事，增添了豫園的名望。你所點的一菜一湯，都會有深厚的意味，你坐的一桌一椅，都會有名人的氣息，你可能會對這一頓一餐感到酒足飯飽，但更多的是對種種意味感到「心滿意足」。

豫園還有許多玉器、香袋、掛件、扇子、雨林手杖、禪宗法器、青銅製品……個個件件都有著工藝和藝術的趣味，更有著歷史和文明，乃至宗教的意義。豫園方圓約一至二平方公里，一年產值數十億。我們預測過，如果豫園商城能依此文化產業經營的戰略發展下去，每年增長百分之十三，至二〇一五年，則可以成為一家年產值五百億的文化商業公司。因為如前所述，

❽上海人稱的本幫菜指的是上海本地風味的菜餚，特色油多味濃、糖重、色艷。常用的烹調方法以紅燒、煨、糖為主，品味鹹中帶甜，油而不膩。

❾在上海「炒直腸」即「炒圈子」，因以菜名不雅，按其圈子形狀改名為「炒圈子」：上海正興館，就是後來的同治老正興館，在三十年代時該店因圈子肥厚，脂油足，因而又以草頭和豆苗相配，就稱「圈子草頭」。

❿用糯米製作的上海名點，一九九七年美國前總統柯林頓訪問中國時，曾到上海老城隍廟綠波廊酒樓吃過；從二〇〇三年開始，綠波廊酒樓開始有各種的「元首套餐」。

心時代的到來，心經濟的形成，心靈消費的增長構成了強大的市場需求（旅遊業在中國每年增長約百分之十五），以這樣的發展速度，完全可以成爲中國一強，乃至世界一強。

飲食、時裝、轎車、住宅、道路、公園、首飾、美容、沐浴等行業如果是一種經典，表現出一種文化個性，都可能成爲文化產業的一部分，只要它們富有物質以外的意味，呼應人們的文化需求。它們有些已經成爲了文化產業的一部分，譬如土耳其浴，其根本目的已不是洗淨身體，而是一種休閒的方式。人們會在那裡待上幾個小時，喝些飲料吃些瓜子，談談生意或心情，而一些外國旅客去洗土耳其浴，更是一種體驗土耳其文化的方式，至少是去經歷一下完全不同的文化樣式——沐浴。當然，百年老宅、千年古街、經典時裝、時髦髮式，更是一種意味消費，是一種文化產業。

新價值觀

以物質爲核心概念的價值觀，不僅存在於經濟相對落後的國家和地區，還是經濟發達國家物質交易時的基礎。但是，當發達國家百分之八十的家庭都已經步入小康時，當一些地區人們的年收入在一萬一千美金以上時，人們建立在物質基礎上的價值觀已經發生了變化。在那裡，貧困戶已經不是家徒四壁的家庭，窮人也不再是衣衫襤褸者（現在不少時裝看上去不是陳舊得很，就似衣衫襤褸），而是那些不知道「我是誰」，我們是一個怎樣的「家庭」的人和族群，或者是沒有能力表現出自己的個性、氣質和家庭風格的人。心時代的「窮人」，是身上摸不出一件標誌自己個性物品的那種人，他的穿著明顯地意味著與他的氣質格格不入，他的家中沒有一張值得紀念的老照片、老式襯衫或一輛車，甚至是一、二隻寵物，總之，你從裡到外也找不出一件屬於他的個人意味的東西。今天的窮人窮在意味上，他們的落後，是一種品味的落後，絕對不是金錢的匱乏。這樣的人，這樣的家庭，就是心時代的窮人或貧困戶。

慾望和需求的變化，創造了新的價值觀。心時代的價值觀，是以意味的個性、深刻和經典爲標誌的。傳統的美麗和漂亮不再那麼令人心動。生理上的特色（嘴唇的厚薄、胸部的豐滿還是扁平、膚色的蒼白還是黝黑），包括體型的特點（嬌小還是強壯），人們已不太關注。人們的興趣已從相貌轉向氣色，轉向個性和氣質。健康和年輕，以及顯示旺盛生命力的形象，很受人們欣賞。人們把自己與一定的社會文化、形象相比較，一旦與之不符，就會放棄並產生相應的不滿情緒。人們會對自己和他人的形象進行素描：「淑女」、「冰美人」、「老爺」、「鄉鎮企業家」、「港派」、「英國紳士」、「書呆子」或像「瑪麗蓮・夢露」（Marilyn Monroe）、「湯姆・克魯斯」（Tom Cruise）等等。個性意味十足的人相當受人歡迎。小眼睛、光頭、塌鼻頭、過矮的個頭，這些曾被人看做缺陷的形象，在意味濃厚、意趣橫生的那些人物身上，可能會成爲「酷」的標誌。心時代的美人是那些個性、長相與穿著極爲和諧的人（無論他長得像婁阿鼠⓫，還是長得像關公），而不是全球選美活動中產生的、統一審美標準下的環球小姐。

在心經濟的交易法則中，物質的價值大大地貶值了，而意趣、意味、符號和樣式的價值上

⓫婁阿鼠是昆劇「十五貫」中一名市井無賴，平時順手牽羊，幹些小偷小摸的事；在上海有人用「婁阿鼠」來代替「扒手」的意思，抓「鼠」即是抓扒手。

升了，強烈的心靈慾望和需求正在推動這一價值進一步飆升。香港歌星張學友的個人演唱會的酬勞，一場是五百萬元人民幣，COCO李玟是三百多萬人民幣，其他人也少不了幾十、甚至上百萬人民幣。用農民收割稻子打個比方，一個普通酒吧歌手唱一首歌大約值一兩袋稻子，內地一般歌手的表演大概能值八、九百袋稻子，港台的歌星就會達到三百袋左右稻子，而二〇〇〇年七月，在北京紫禁城舉辦的帕華洛帝（L. Pavarotti）、多明哥（P. Domingo）和卡列拉斯（J. Carreras）的演唱會，每首歌至少值三、五萬袋稻穀的價格了。看的、聽的、感受的價值被廣泛地認同，人們為滿足心靈的需要，更多地也更快地往外掏錢。在一些商店裡，一束（三至五支）稻穗賣十二元人民幣，三至五斤稻穀才賣二元人民幣不到。人們對糧食的需求始終停留在物質的水準，且像原料一樣普通，吃的、穿的這些功能性滿足的價值，近幾十年來再也沒有大幅上升過。這是因為糧食就是糧食，沒有一點文化意味，在心經濟中，它就沒有太大的價值可言，價格自然也穩定在「物質的」水準上。

心經濟中文化產品的價值高低，主要取決於人們心中對這一意味的渴求和對這一產品意味的認同程度。你想發洩你的憤怒，我可以提供摔盆子和揍橡皮人的服務（橡皮人身上貼著你所痛恨者的姓名），你的痛恨越深刻，你越想發洩，我的價格就可以開得越高。在歐洲的一些商業大樓裡，開有一些隱蔽的時裝小屋，專門接待那些丈夫有外遇而夫人想花丈夫錢財的女士。在那裡，一件服裝動輒三、五萬美金、十多萬美金，甚至一件馬夾[12]賣到四十萬美金。一些怒

[12] 小背心。

火衝天的女士，會狠狠地買上幾件讓丈夫「肉痛」的服裝。當然，這是一些很特別的個案。但是意味在滿足人們的感覺和思想，給人帶來快感時，其價值確實被充分體現著。精緻的法國香水，在那些大師的精心調製下，給人如幻如夢般的感覺（當然香水的氣息較文字、語言和物體，更多地能感覺出優雅、溫馨、浪漫和憂鬱等情調），圍繞著愛和誘惑的主題，散發出種種誘人的芬芳。僅僅列出一串標籤上的名字，就可知香水製造商是如何精於此道，將意味做得十足：眞愛、毒藥、甜蜜的生命、原初的女人、永恆、水仙花、伊甸園等。這些意味都是強烈的情感的放射，以致香水根本不打折銷售。因此，意味濃厚的文化產品，可謂價值連城。

一些「信仰」更是沒有人想也沒有人敢去談價格。對於那些法器，信徒們很少言「買」字，因爲他們怕褻瀆了自己的神靈；他們都是恭恭敬敬、五體投地地把它們請回家去，因爲他們知道這是無價之寶。人們對文化產品的認識、認知、認同乃至信仰，一級一級往上走，認同越深刻，這一產品的價値就越高。所以，用同樣的瓷料做成一個杯子，可以售十元人民幣；製作成放牛牧童，有了意趣，可以售一百元，因爲它已經成爲一種有意味的東西了；製作成濟公，有了羅漢的意味，那就是五百元了；而在靈隱寺開光後，有了「靈」的感覺，則是一千元；倘是靈隱寺數百年傳下的，則是寶物了，你根本不敢開價，也沒有人賣給你。

進入心時代的時間表

進入心時代，有兩張時間表，一張是歷史的，一張是當下的。歷史的時間表主要在南部地區，以及在埃及、印度、中國、義大利、墨西哥等國展開。

進入心時代是一種文化的進入，而不是物質的、社會的進入：是人們普遍的內心的對心理和精神需要的存在；是對價值觀、信念、個性、交流、經歷在經濟和社會生活中得到實現的渴求；是人們對符號、樣式、場景和生活中所蘊涵著的深厚的文化意味的認同，並由這種普遍而深刻的認同構成價值，實現交換。玫瑰花在很長一段時間裡，只是自然界的一種花草，它一文不值。現在，一朵玫瑰，它不只是一朵花，不僅值零點二元人民幣，而且是一種美的符號，是一種美的意味，那時它是一元一支。當玫瑰花成爲愛情的標識時，在情人節的夜晚，它就值十元人民幣或一、二美金。現在，在情人節這天，在全世界，以這樣的價格賣出的玫瑰，有數千萬枝之多。這段玫瑰簡史簡約地概括了心時代的到來。

很多文化圈早就進入了心時代。他們早已將消費意味看得比消費物質爲重。他們曾經發達的經濟，確實讓那裡的人們有條件消費意味和文化。至少在距今一千三百年前，中國的盛唐時代，那時的中國人解決了溫飽問題，出現了路不拾遺、夜不閉戶的社會習俗。人們有錢、有閒、有意於心靈的消費，有人會爲「口吟一個字，撚斷數莖鬚」。這種生活境界在漢文明史上有過相當長的歷史階段（儘管因經濟發展的起伏，時有間斷）。宋朝大詩人蘇東坡「寧可食無肉，不可居無竹」更是對鄙視物質消費、熱衷心靈消費的形象描述。如果以一種文化圈裡大部分人的心靈欲求成爲人們生活中的主要追求之一，作爲進入心時代的門檻的話，那麼像印度、埃及、土耳其、希臘、義大利、法國都早已進入了心時代。尤其是中國、印度、埃及等國家邁出這一步已經有千年以上的歷史。

時至今日，那裡的文化印證了它們都曾經有過這樣一段心靈消費的歷史，而且有些文化至今仍頑強地保留著這樣的文化特質；它們並不看重物質，而更多的看重意味或精神。中國人仍然保留著一種穿著的傳統觀念：在選擇服裝時，幾乎所有的中國人都會先問，這樣的款式和色彩社會認可嗎？如果社會拒絕，他們就會放棄這一選擇。社會對「我」的認同必須與服裝的意味一致。服裝的功能始終在服裝的意味後才被考慮。即使在人們經濟生活相當貧困，溫飽常常不能滿足時，這樣的文化觀念也始終被堅持著。在古代那些自然資源相對豐富的國家，如埃及、中國、印度、義大利，物質生活曾經相當理想，那裡都曾出現過心理和精神的欲求，有過發達的心經濟，這種心經濟的觀念、方式仍遺傳至今。在這些文化圈裡，親人、朋友、同事的聚餐，很少注重食品，更多的是關心何時、何地、何人、何座位、何種心情和結果如何；集中於那一次聚餐的有無意味，何種意味和這種意味的濃淡。理性的民族或個人，會對這種對飲食的複雜的講究困惑不解，對這種追求意味的言語禮儀和規則感到大可不必，這是因為他們缺乏心時代和心經濟的文化經歷和歷史遺產。

當下，心時代主要在北半球國家展開，一些發達的現代化國家已經或正在邁入心時代，構成心經濟。

世界銀行認為，以購買力計算，當一國每人年均收入達到一萬一千美元時，該國就被認為是高收入國家。按照這一標準，世上有二十七個國家被列入高收入國家，它們的總人口約為八億。這些國家已經在邁向心時代、心經濟。

很快有另一些國家會進入高收入國家行列：二〇〇二年至二〇〇五年之間，阿根廷、馬來西亞和泰國可能進入，只要它們的年增長率保持在百分之四到百分之五之間；緊接著是匈牙利、墨西哥、巴拿馬和哥倫比亞。在二〇一〇年至二〇二〇年年之間，南非、俄羅斯、波蘭、土耳其會加入進來，那時中國和印度也有可能進入。在許多發達地區或城市，有一大批人進入了高收入階層，譬如在中國和印度，各有幾千萬人的年收入超過一萬一千美元，他們也有可能進入心時代和開始心靈消費。

另外，並不是每一個文化族群都希望自己非常富有，努力使自己的收入達到一萬一千美元的，但他們可能仍然感到心理和精神的滿足。有些文化族群年收入二萬美元但可能心情依然憂鬱，而另一文化族群年收入有五千美元就心滿意足了。所以進入心時代的時間表在相當程度上受文化因素影響，而且一種文化與另一種文化對心靈消費的渴求也存在相當大的差異。在義大利、法國、美國的人均年平均收入達到一萬美元時，心靈的需求促進了心時代的來臨和心經濟的形成。而在瑞士、德國、挪威，即便年平均收入達到二萬美元，人們仍然生活在物質的時代，仍然認爲喝酒就是喝酒，吃飯就是吃飯，穿衣就是穿衣，沒有太多的意味，沒有太多的意味需求。在這樣的文化圈裡，人們仍然沒有進入心時代，那裡仍然沒有心經濟，文化產業根本就不發達，電影、歌劇、遊戲、傳媒業等相當滯後。但是不管怎樣，人類將進入心時代的大趨勢已經出現，我們在前面已經說過，德國人正在體悟食品中的味道，並正在以藝術的眼光學習烹調。

當然，本書說的是一種趨勢，我們知道全球還有八億人在挨餓，有十二億人每天的生活費不足一美元，更有三十億人每天的生活費用不足二美元。但是，如果一切都向好的方向變化，經濟發展正常的話，全人類進入心時代的時間不會太長。

第三章　文化及其心靈的感受

心經濟滿足的是人們心靈的需要，即心理和精神的需要；是滿足人們對安全、閒適、友誼、關懷、快樂、個性、好奇、極限和自尊等等感受的需要。而這一系列需要就是人們的觀念、情感和習慣，它們是人類文化的主要部分。文化是人們內在的、自覺的觀念和方式，是人們心理和精神世界的實在，是人們的心靈世界。由此，我們可以看出，心時代的基本特質是人類進入了文化社會，文化成爲人類的第一或主要的需要。心經濟的根本任務就是滿足人類的精神需要，其滿足的具體實在的對象，就是人類的這種、那種或全部的文化及其需要，所以我們把心經濟的消費稱爲文化感覺或文化消費。我們在這裡講文化，是因爲文化的特質、內容、形式和運行在很大程度上決定了心經濟的生產、營銷、感受、發展等特性，對於文化及其感受的瞭解，是對心經濟規律把握的基礎。

什麼是文化

文化是歷史上最爲複雜的字眼之一。人們對文化的定義不同，對文化的理解也不同。眼下對文化的理解有三個指向：一是指知識和知識教育；二是指藝術活動及其成品；三是指一個團體、一個民族或整個人類特定的心理和精神狀態。我選擇了這裡的第三個指向。我對文化的定義爲：文化是特定人群當下普遍的自覺的觀念和方式系統。如果要再下一個我們都更能了解的定義，文化是特定人群普遍的心理和精神狀態。這兩個定義，解釋了文化的幾個特質，解釋了文化感受是什麼，解釋了心經濟的特性、心時代的特性。

文化具有族群性。它在特定的人群中是一致的，而在這一人群之外是有差別的。以空間劃分，世界最大的文化族群是南北文化族群；南北文化之後，是幾大宗教：基督教、伊斯蘭教、佛教；爾後是幾大文明圈，湯恩比將其劃分爲二十幾個；文明圈內各圈的文化又有不同，譬如俄羅斯、以色列、日本、美國的文化就相對獨立；一國之內也有文化差異，如德國、法國、義大利、美國南北文化有差異，其他國家大多也是族群鮮明；一地之內文化又各異，浙江一地文化何止十種百種：寧波與鄞縣不同，鄞縣與奉化不同，奉化也不等同溪口。形形色色的族群，細分至村落，細分至家庭。文化族群又可以時間區分，有傳統、現代，守舊、時髦之區別；如以個性區分，則更是密不可分了。

文化是當下的，文化不是文明，文明是逝去的文化，是文化的化石。文明不在人們的心裡，文明在歷史中，在文獻中，在人們口傳的故事裡。文明與文化的最大區別是，文明已不被人們認同和自覺；文明曾經在人們的心裡，在人們的生活裡，曾經是人們的一種心理和精神狀態，但現在不是了。而文化一定是活的，是人們心裡的那些活潑的心理和精神，我們可以在現存的生活狀態中看到它，感覺它。譬如，浙江寧波人過端午節，是塗雄黃，掛艾草、菖蒲，吃粽子，回娘家；但是，現在很少有掛香袋的了，這一文化的樣式也就消失了，成了文明。掛香袋是中國人過端午節都有的習俗。每到端午，婦女和兒童都佩香袋，就連帳子的四角和牆邊也掛著，目的是追念屈原、去邪辟疫、觀賞玩味和祈求平安，當然也有裝飾或清潔空氣之用。當這一系列文化觀念漸漸淡出時，佩掛香袋也不再引起人們的興趣，於是就逐年消失了。文化是當下的，文化的需求也是當下的。

文化在一個族群裡是普遍的，如果沒有幾乎是全體一致的對某些觀念和方式的認同，那就不是文化。漢民族過春節，家家都貼窗花、門神和春聯，這就是一種普遍自覺的方式，大多數人都認同，都認認眞眞地貼，開開心心地貼，它回應的是這樣一種觀念（文化需要）：吉祥、和睦、健康和財源滾滾。印度的大壺節，在四十三天裡，有七千多萬人陸續跳入恆河沐浴；中國清明節，有幾億人去掃墓。只有文化才會那麼普遍，有那麼多人會參與。西方現代藝術，如印象派、野獸派、立體派、抽象派，於一派之中，是文化樣式；於一派之外、一國之內、一民族之內，就不是文化樣式，它們只是一種藝術，因爲它們不普遍，不被人們廣泛認同，大多數人對此不知不覺，那就失去了成爲文化的條件。

文化是一種觀念和方式。文化作爲一種心理和精神狀態存在於人們的心中，它就是人們心中普遍的觀念（或意識）和方式。文化是人獨有的，物質是沒有文化的，植物、動物也沒有文化。文化是人類意識和思維基礎之上的產物，它也局限在人類的意識和思維的範圍之內。人類的族群因有了約定俗成的觀念和方式，就生成了文化樣式，譬如打招呼，中國人是拱手，泰國人是雙手合十，日本人是鞠躬，西方人是握手或擁抱，因其表達的樣式是不同的，因而文化意味也是不同的，但共同的觀念是致意和友好，這就形成了人類基本的文化。對這一觀念和方式的普遍認同，又構成了人們會面互相招呼的基本文化樣式：握手。

文化既然是一種觀念和方式，那麼文化的差異也就是一種觀念和方式的差異，譬如說對時間的看法：在一個千年不變的古村落裡和一個日新月異的新城市，時間雖然同樣存在著，但人們對時間的觀念是不一樣的。日本人會因爲二分鐘的遲到而急迫起來，印度人遲到了二十分鐘也不會向你道歉，這就是因爲他們看待時間的文化觀念不同。

文化是個觀念和方式系統。這個系統是完整的，從價値觀、信念、態度、個性、行爲特質直至風俗習慣、舉手投足都基本合一。文化又有自我整合的能力。走向系統和完整是文化的特質之一。漢民族從天人合一、中庸至溫良恭儉讓都是完整的，及至衣食住行也是合著這樣的文化觀念。中國人的藍印花布，在歷史上相當流行；這個藍是幽深素靜的，穿著這樣的衣服很能夠襯托出中國婦女溫文爾雅的氣質。中國古代女性之美，甚至不能用「秀」字去形容，因爲「秀」字太飄了，穩不住，與「內秀」的中國女性配不上。穿上藍印花布的服裝，形神兼備，人與服裝相互映襯，相當和諧與完整。現代女性已很少著意於溫文爾雅的氣質，結果，現代女性大多也不再穿藍印花布。不是藍印花布有什麼變化，它的神韻猶存；是人有了變化，端莊幽雅的氣質不再，穿上去不和諧，因此這一個色彩就被新的文化觀念排斥了。今天，中國城市年輕女性的時裝、色彩輕飄得可以，從文化的系統性看，觀念傾向於朝氣蓬勃。

文化感受（消費）的形成

文化消費的過程由三方面組成：文化、文化形式和感受。文化具體展開的是種種觀念和方式系統，是價值觀、人生觀、世界觀、情感、好奇心等等。而文化形式具體展開的則是符號、樣式、場景和狀態，這四個概念如果我們一一具體對應，看見的是窗花、京劇、奧運會和漢民族的生活、工作、社會、自然狀態。感受的展開是經歷、體驗、覺悟和信仰。文化消費的運行是因爲我們有文化的需要，譬如有吉祥的需要。文化廠商爲滿足文化的需要而生產，使需要與滿足需要互動，製造出種種文化形式，譬如印門神、剪窗花，我們又從這樣的文化形式中感受吉祥的意味。文化是鮮活的，是變化的（發展只說出了文化變化的一個方向，所以我們不用這個概念），文化形式也隨之變化。如此這樣，是爲了不斷使人們的文化需求感到滿足，這一過程就是文化感受（消費）運行的過程。

我們以美國迪士尼（Disney）公司爲例，看一看文化感受（消費）是不是這樣的一個過程。美國迪士尼公司的發展，在宏觀上遵循了文化→文化形式→文化感受這樣一條規則。迪士尼公司最爲成功的專案是迪士尼樂園的開發與營運。首先，公司試圖瞭解人們的文化需要。經過調查研究，它們發現美國社會並不平等，美國人心裡渴望平等；美國社會過於平淡，美國人心裡渴望新奇；美國社會過於狹窄，美國人渴望看到世界，看到世界的過去與未來……於是它們從中發現美國人還需要快樂、安全、探險、求知等等一系列文化渴求。爲了回應人們的種種文化渴求，迪士尼公司開始規劃自己的文化形式。它們用符號、樣式、場景和狀態，去表現或放射出平等、快樂、驚險、新奇、安全的意味，讓人們感受。首先，它們將迪士尼劃分爲幾個「世界」：一是傳統的世界。它是爲了擴展遊客對這個世界和各種文化的瞭解，以滿足人們文化經歷的需要；二是神奇王國。驚險、快樂、生動等意味濃厚，來滿足人們種種情感的體驗；

三是未來世界。它將汽車、通信、影像、大地、自然的過去與未來連接起來，以滿足人們的想像、探索和覺悟的需要。

在迪士尼的每一個「世界」裡，公司的文化學家、社會學家、心理學家、歷史學家、藝術家和工程技術人員通力合作，盡一切最大的努力，將每一種「意味」徹底地表現出來，將種種理想的「意味」整合在一起，形成迪士尼的意義和趣味，以迎合人們文化感受的需要。在神奇王國裡，有海盜船、有兒童樂園、過山車（雲霄飛車）、熱帶雨林探險……在熱帶雨林，有土著人、有山、有河……在河裡，有船、有人、有漁獵、有與鱷魚搏鬥的表演……人們心理經歷豐富而跌宕的過程，從中激起種種情緒和情感，體驗和覺悟到種種意趣和精神，文化在那裡被感受著、滿足著；因此，心靈感受、文化感受的需要並不完全是從社會文化環境的殘缺裡滋生出來的。我們這樣認爲，是因爲短缺是一個很大的市場，而迪士尼用這樣的方法找到了一個大市場。在迪士尼，每個遊客平均玩上七天，得付出數千美元，而且等待這樣一次機會（預訂旅館）會讓你等上一、二百天。

事實是人們有更多的、更深刻的、更個性化的文化需求。世界知名的連鎖店——星巴克（Starbucks）咖啡館，其之所以能夠如此迅速的發展，是因爲它發現了人們需要「第三空間」——那樣一種既非工作空間，也非生活空間的場所。在那裡，人們既沒有工作紀律的羈絆，也沒有家庭生活的規則，顧客完全可以舒展自己的身體和思想，隨心所欲地享受幾個小時。當然，星巴克咖啡館中，確實沒有「傢俱」，也沒有「工具」，只有展示自由和隨意的符號和樣式。人們去星巴克，眞正的目的不是喝咖啡，因爲喝咖啡在哪裡都行。人們去那裡只想有一個自我，想關注和關心一下自己。

感受馬拉度納：信則有之，不信則無

文化是特定人群普遍自覺的觀念和方式系統，文化感覺就是一個主觀感覺，文化消費就是一種主觀消費，文化感受就是「這樣的」一種感受。有這種感受，則有之；沒有這種感受，則無。至於事實上有沒有，是不是如此，則無關緊要。歡樂是由衷的，主觀的。悲傷是這樣，祈禱也是這樣。只有如此，才是眞正的歡樂，眞正的悲傷，眞正的祈禱。文化的感受在人們的心中是一種實在，所以，文化感受，套一句俗語：信則有之，不信則無。人們毫不懷疑一定是這樣的，一定是認同了，信了，才會有感受。教徒信了上帝，才會有上帝與我們同在的感受，才會有在上帝的注視和關愛下生活著的感覺。基督徒相信，人去世後，會升入天堂，所以，當他們的親人去世時，他們不會號啕大哭，不會悲傷不已；而在東南亞地區，有許多民族認爲，人去世後，會下地獄，於是當他們的親人去世，他們會痛哭流涕，哀傷不絕。同樣是親人去世，相信靈魂的去世不同，激起的情感也不同，眞是信則有之啊！再譬如，在春節，一家人吃不上團圓飯，中國人心裡會不是滋味——父母傷心，子女不樂，這是因爲，漢族文化深信，春節吃上一頓團圓飯就是幸福、快樂。人們在一些普遍自覺的文化觀念和方式中才會有這種感受，才會爲這種感受而動情，才會爲有這一種感受而行動。文化感覺的基礎是人們信於、自覺於、習慣於這樣的觀念和方式。不然，人們會對種種文化形式無動於衷。

二十世紀最偉大的足球明星之一、阿根廷的馬拉度納（Diego Maradona），是一個非常複雜的人物，全世界大部分有點年紀的人都知道他，都曾經爲他超人的球藝而感動。但是對於馬拉度納身上和他所效力的球隊所發生的種種故事，阿根廷人和那不勒斯人卻有著其他文化族群所沒有的深切感受。因爲這兩個地方的文化是不同的，他們的感受也不同。

無論是在阿根廷還是在那不勒斯，現實生活中的馬拉度納都經歷了英國戴安娜王妃死後才受到的崇拜場面。馬拉度納不僅被那裡的人們認識、認同，而且幾乎成了他們所尊崇的神，成了他們的信仰。那不勒斯的人們脖子上掛著的紀念章，上面印著的是馬拉度納，而非聖徒的畫像；人們還在街頭豎起祭壇，以示紀念。阿根廷前總統裴隆（Peron）的夫人艾維塔（Evita）死後，人們紛紛要求封她爲聖徒，但如果馬拉度納離開人世，可能沒有人會要求梵蒂岡把他奉爲聖徒，但這無傷大雅，因爲他已經嘗到了作爲聖徒的味道。❶

很顯然，對於阿根廷和那不勒斯的人來說，馬拉度納不僅靠他的球藝征服球場，更靠他的個性征服了阿根廷和那不勒斯的文化，他給了那裡的人們非常好的文化感受。他形容自己從未忘記窮苦的根源，認爲自己是代表廣大人民的；他信奉格瓦拉❷，抨擊羅馬教皇、國際足聯、美國總統，其腔調與老百姓在酒吧說的是一個聲音。別人進球，他就像自己進球一樣高興。他非常刻苦，訓練結束後，他會一個人留下來，繼續練習更長的時間。他在比賽和日常生活中都

❶艾維塔爲阿根廷總統裴隆的第二任妻子，從早年貧寒的社會底層爬到阿根廷第一夫人，是個傳奇性的人物，但其評價十分兩極，有人視她爲阿根廷的貞德，也有人認爲她成爲裴隆的左右手，是在助紂爲虐。先前由瑪丹娜擔綱主演的《阿根廷別爲我哭泣》，即是艾維塔的故事。

❷Che Guevara，古巴革命英雄，曾任古巴工業部長。

慷慨大方，樂善好施。球隊打比賽，有馬拉度納出場，報酬將達五十萬美元，如果馬拉度納不出場，球隊只能拿到三十萬美元。這中間的差價由阿根廷足協交給馬拉度納，而他又會拿這筆錢與隊友們平分。阿根廷心理學家古斯塔沃・伯恩斯坦在《圖解一個國家》一書中寫道：馬拉度納是我們最好的代表，只有他能最充分反映我們的本質。這是我們在二十年裡第一次熱情澎湃。阿根廷是馬拉度納，馬拉度納就是阿根廷。

如果進行一次民意測驗，詢問阿根廷人歷史上（或過去五十年裡）的哪一起事件令他們感到最爲自豪，相信絕大多數人會舉出馬拉度納在一九八六年世界盃足球賽四強決賽中攻入的第二個球。這次入球使阿根廷隊以二比一戰勝了英格蘭隊，並最終戰勝德國隊而奪得冠軍。人們至今對這一個球津津樂道，沾沾自喜：馬拉度納在對方半場得球後，朝著英格蘭後衛線長驅直入，不斷奔跑、盤球和做假動作，使得身材高大、塊頭幾乎大他一倍的英格蘭球員暈頭轉向，紛紛倒地。馬拉度納騙過門將，躍到門前，把球輕輕送入空網……人們說：他在英阿福克蘭群島（英方稱福克蘭群島）戰爭四年後，在與英格蘭隊的比賽中用手攻進了這個球。我們輸掉了戰爭，但是在足球比賽中，爲阿根廷人報了在福克蘭群島戰爭中輸給英國的一箭之仇。雖然，戰爭的勝敗與足球的勝敗在客觀上是有區別的，但是在阿根廷的文化中，這種區別不大，人們相信：阿根廷人勝利了，英國人終於失敗了。

馬拉度納在那不勒斯也被人們像救世主一般崇拜。在義大利那不勒斯，人們有一種痛苦：他們只要向北方看一眼，一種二等公民的情感就油然而生，只有馬拉度納幫他們擺脫了這種感覺。每當那不勒斯隊作客羅馬、杜林（Torino）和米蘭，當地球迷都會唱下面這首歌：「眞是臭不可聞，甚至連狗都急忙逃避，這是因爲那不勒斯人來了……那不勒斯是狗屎，那不勒斯是霍亂，你們是全義大利的恥辱。」因此，每當那不勒斯人把自己同生活在北部的同胞進行對比時，心中就會產生一種惶恐不安的情緒。那不勒斯人打敗北方的唯一武器是足球，馬拉度納使他們實現了這個願望，而且還將祖雲達斯（Juventus）、羅馬、ＡＣ米蘭和國際米蘭等大牌球隊打得落花流水，帶領那不勒斯隊摘取了義甲冠軍。那不勒斯，義大利的恥辱之地成爲義大利的光榮之花；馬拉度納爲他們發洩了不滿，馬拉度納掃蕩了鄙視他們的眼光，人們感到意氣風發，精神昂揚。

馬拉度納不僅是足球天才，更多的則是阿根廷人和那不勒斯人的文化信仰。現實中的足球運動無論怎樣也不可能成爲一尊神，但馬拉度納被一種文化認同，那種文化在馬拉度納這一文化形式上深切地感受著，因此當馬拉度納墮落時，他們也是這樣看待。他們不斷往阿根廷的各家電台打電話，高喊：「讓他死！讓他自殺！」他們認爲馬拉度納應當像希臘神話中的阿奇里斯（Achilleus）那樣，死得年輕而壯烈。死亡會使他保持名譽，保持他們對他的感覺，保持在打敗英國及義大利北方時那種完美的感覺，他們太需要這種感覺了。因爲他們相信這是眞的，它存在著。

文化感覺（消費）：覺則有之，不覺則無

物質消費是以「誰擁有什麼，擁有多少」爲最根本的標誌，而文化消費是以「誰感覺到了什麼，感覺多深」爲最根本的標誌，所以文化感受，覺則有之，不覺則無。對一部電影、一幅畫，觀眾看了沒有感覺到什麼，那麼這一部電影、一幅畫，對於觀眾來說，就沒有被消費。只

有觀衆看了，心動了，情動了，感受著，那就有了文化消費。文化感受（消費）是內在的，主觀的；是相對的，能動的；是文化與文化形式之間的互動與對話，兩者打開了，接通了，消費就有了；兩者隔著，堵著，觀衆全無感覺，消費就不存在。對於人來說感覺著的，就是存在的，眞實的。人，因地球的公轉和自轉，每秒運動將近三公里（二點九一八公尺），可是，由於沒有對照物，沒有人對此有所感覺。又譬如，中央電視台每晚的天氣預報，其濕度數値的高低與各地各人感覺到的炎涼並不一致。盛夏，從三十五度的廣州飛往三十八度的北京，反覺得北京更涼爽；寒冬，從零下十度的東北到零上十度的上海，不少人還是覺得上海冷。現在有許多地方加報「感覺溫度」，就是承認這種感覺的存在。對於一個人來說，他的感覺才是眞實的；對於一種文化來說，獲得普遍的認同就是眞實的、深切的。以巴衝突有很深刻的民族、政治、軍事和文化背景，人們對此總感到撲朔迷離。但是從二〇〇〇年持續至今的以巴衝突，以色列人面臨的最大失敗，是以色列軍人槍殺一名巴勒斯坦兒童的鏡頭在世界各地播出，其殘忍的一面被人們感覺到了，世界各國對以色列殘暴的抨擊於是不絕於耳。不久，以色列人以牙還牙，將數名巴勒斯坦青年打死一名以色列人的畫面搬上了電視，使以色列人在文化戰鬥中贏回了幾分。

文化感受與文化密切關聯著，受到文化的指向和制約。要使人們有文化感受，這樣那樣的文化形式一定要面向人們普遍自覺的觀念和方式；脫離了文化，人們就會對這一文化形式感到莫名其妙。有個外國人，中文名字叫大山，跟了中國的相聲演員學了幾年相聲，不時出來表演。觀衆對大山沒有什麼大的感覺，因爲：其一是長相不像說相聲的，不夠噱頭，怎麼看也沒有幽默感；其二是與中國文化的隔膜。言語雖是說中文的，但眼睛、嘴巴、鼻子、手勢和體態「說」的卻全是「外國話」，也就是說的話語與體態語言衝突得太厲害，給人的感覺就像話劇演員說相聲，說的是相聲，動作卻是在演話劇；其三是他對中國文化看不到底。好好的包袱，他抖開時，不知意趣在哪裡，不能入木三分，不能深入人心。觀衆的笑，很少有「爆發」的時候。❸

理想的文化形式是與一種文化直接的對話，是那種文化不需任何思索或解釋，立刻就能感受到的（即消費的），是那種文化即刻爲之所動的形式。電影《花樣年華》就是這樣一部影片❹。觀看這部影片時，圍繞兩位主角的故事，觀衆的種種文化意識被激發了，種種可能的臆測、行爲、評價、活動比影片中的劇情更多、更複雜，也更有個性……當影片結束時，觀衆徹底地體驗了一回自己的愛情意識和方式；與影片中兩位主人公的情感歷程相比，觀衆對自己的愛情意識和方式有了種種感受和感嘆……意含無窮、意味深長。影片的「好看」，不在於影片，在於觀衆自己，在於觀衆的個性，在於影片與這樣一種文化的對話，在於這種對話深入人心的程度。更高妙的是，因爲這部影片解讀的空間很大，可因文化的不同，解讀也有所不同，所以不同的文化對《花樣年華》會有不同的感受。《花樣年華》把握住了文化消費的基本準則：訴諸感覺，訴諸文化。因此，它成功了。

❸大山是從加拿大來的一名留學生，到中國拜相聲大師姜昆爲師，在中國大陸出版了許多相聲小品錄音帶，近年來開始朝劇界發展。

❹王家衛導演，梁朝偉、張曼玉主演。

文化感受和消費還受制於人們對文化形式的感受能力。一些人的文化解讀能力特別強，對大部分文化形式能心領神會，但也有一些人對文化的感受能力稍稍差一些，甚至沒有感覺。一些比較前衛的文化工作者，更是運用一切文化形式去喚醒、提出或組合人們的文化觀念和意象，構成文化感受和消費。在德國有一家概念餐廳，花七美金，你可以點任何概念菜。服務員送來的是與概念相應的餐具——刀、叉、盆子或竹籃，但沒有任何可以吃喝的食品，顧客在那裡「吃」著，消費著概念帶來的感受，生意竟然不錯。紐約有一家電視台，它不播放任何節目；所謂節目，全靠觀衆自己想像。二〇〇一年，英格蘭的伯明罕Custard Factory藝術中心舉辦了一次畫展。二千五百平方英尺的展覽廳裡什麼畫也沒有。畫展的名稱是「展覽的藝術在您腦子裡」，目的是讓參觀者替畫家完成作品。這次畫展展出了三十八位畫家的六十幅想像的畫作。畫廊的牆上什麼也沒有，只是在本該掛上畫的地方有一張小紙片，上面提示觀衆完成畫家要創作的畫，例如有一張小紙片上寫道：「我的畫是一個聲明，聲明是這樣的：這裡沒有句號。」畫展的組織者說，從參觀者那裡得到的反應很令人振奮，當參觀者走進畫廊時，那裡空空如也，但等他讀完提示後，牆上就彷彿有了畫，那些畫在參觀者的腦海裡生成了。當然，有些參觀者對此次畫展毫無感覺，甚至覺得令人生厭。這就是覺則有之，不覺則無。

當然，上述的案例只是少數的或者是個別的。但它們在深刻性上說明了文化感受和消費的關鍵之一，是喚起人們的感覺。這裡需要指出的是，一種文化形式應該喚起的是普遍的感覺，是一個文化族群的普遍的感覺，而不是個別的，或極少數人的感覺。如果太少的人對某種文化形式有感覺，那種文化形式就沒有了消費群，從而沒有了市場，文化產業也就無法形成。文化感覺和消費提供的是一個文化族群、多個文化族群，甚至是人類普遍的快感，而不是個人的、個別的快感。

文化感受（消費）的四種方式

文化感受和消費有四種方式：一是經歷。經歷是親身見過，做過或遭受過的人、事、物，作爲文化消費的經歷，是那種爲見聞和親歷所進行的活動，是對這一經歷的感受。人們出遊，爲的是見所未見，到此一遊，或者是爲了豐富自己的閱歷，或者是對心靈、歷史和空間的拓展；二是體驗。體驗是通過實踐而感覺周圍的人、事、物。在心時代，體驗是一種對環境（自然的、物質的、社會的、人的和文化的）的感受，可以是棒極，體驗驚險；也可以是品茶，聽雨打芭蕉，體驗悠閒。體驗是對種種感覺的感受和驗證，是豐富自己的心理和情感的過程，使心靈厚實起來；三是「覺悟」。我們把覺悟解釋爲由迷惑而明瞭，由模糊而清晰，由錯誤而正確，由明瞭而通透的過程。文化的覺悟可以是進學校，請諮詢，也可以是雲遊四方，拜佛問學。覺悟是一個過程，是爲了自己徹底的感覺和瞭解，是對心理、情感、精神的開朗和把握；四是信仰。信仰是對某種觀念和方式的極度相信和尊敬，並作爲自己行爲的榜樣和指南。信仰的感受和消費是對一種文化高度認同後的執著和融入。朝聖與拜謁列寧（Lenin）墓，中國人落葉歸根，外國人願意生活在西藏、大理、昆明，藝術家去佛羅倫斯、去巴黎等，都是一種信仰，在那些地方，人們被文化狀態所吸引，所折服，並深入其中，化入其中。這種樣式就是文化消費中信仰的一種感受方式。

由於文化感受是一種心靈的感悟，所以我們無法用科學的方法將其截然分開，這種感受完全是內在的，直覺的，我們既無法分清人們文化感受的方式，也無法區別人們以哪一種方式爲主，或是多種方式並用，或是在多種方式間閃爍，更無法確信文化感受的深度。我們只能從人們對自己文化感受的描述中，瞭解到這一感受的方式、水準和深度。

感受是個性的、個人的

用四種方式歸納文化的感受，只是很機械地表現出人們對一些文化樣式不同的體驗能力和深度。在實際感受中，人們在深度上會層次豐富得多。另外，在文化感受方面，同一能力和同一深度的感受，不同的文化族群、不同的個性還會表現出不同的解讀和感觸，人們從中獲取的意味也會有不同，有時會有很大的差別。感受在這裡是個性化的、個人化的。我在這裡錄下《中國經濟時報》二〇〇一年六月二十一日刊出的孫雲鶴先生的一篇短文〈穿短裙的女孩〉。讀完這篇很有穿透力的文章，我們一定會覺得文化感受是個性的、個人的。

穿短裙的女孩

愛因斯坦：「究竟是女孩穿短裙，或是短裙穿女孩，取決於你的參考座標。」

達爾文：「當人皮日漸退化，失去它的原本功能的時候，不穿是更合理的進化方向。」

尼采：「若你一直凝視著這個女孩，這個女孩的短裙就開始不存在了。」

叔本華：「作爲意志的短裙要穿上作爲表象的女孩。」

亞當·史密斯：「有一隻看不見的手要女孩穿上它。」

沙特：「爲了秉持信念行事並對自己誠實，女孩自己有必要穿短裙。」

拿破崙：「不想穿短裙的女孩不是好女孩。」

阿姆斯壯：「對於這女孩來講她是穿了，對於有的人來講，女孩還是什麼都沒穿。」

歐陽修：「穿之意不在女孩，在乎山水間也。」

胡適：「我不能告訴你女孩該不該穿短裙，只能告訴你科學的方法，大膽假設小心求證。」

錢鍾書：「穿上來的想脫下去，脫下去的想穿上來。」

王朔：「不穿者無畏。」

余杰：「女孩，你懺悔了嗎？」

聯想：「女孩失去了短裙，世界將會怎樣？」

海爾：「毫無疑問，這是一位在節約水資源的女孩。在節省了大量的布匹後，必然會節約更多的水。」

中國郵電：「不管女孩穿上短裙打電話，還是脫掉短裙打電話，我們的話費標準都是同樣的。」

IBM：「輿論上我們宣傳鼓勵女孩穿短裙，原則上我們不穿短裙，根本上我們什麼也不穿。」

微軟：「對不起，因爲系統非法操作的原因，女孩的短裙有時要重穿，當然，也就是說，有時需要重脫。」

有閒人士：「可惜哦，街上又少了一道亮麗的風景線。」

舒淇：「不穿，當然不需要穿啦。不過——她將來會後悔的。」
劉曉慶：「穿也難，不穿也難，半穿半不穿更難！」
周星馳：「曾經有一條短裙擺在我的面前，我沒有珍惜，直到失去的時候，我才後悔莫及，人世間最痛苦的事情莫過於此，如果上天再給我一次機會，我會對那條裙子說：『我要穿你。如果非要給這個機會加上一個期限，我希望它是一萬年』。」
社會學家：「當某些強制政令加諸民眾的服飾、髮型時……哎！建議全民投票表決。」
貧困人士：「我想用這張選票來換一個麵包。」
失學兒童：「投票贊成姐姐可以穿短裙我就可以讀書了嗎？」
失業者：「穿不穿都無所謂，重要的是要招募人嗎？誰來付工資？」
方興東❺：「不穿短裙的女孩，只是爲了觀眾觀看得快感。」
胡德平❻：「dot com已經沒有人會相信，哪怕脫掉短裙也不會提高點擊率。」
IT99：「通過短裙線上教育，希望達到上至老婦，下至幼女都穿上它。」
股評家：「對待短裙，我們的原則是高拋低吸！」
大戶：「裙子短點、股本小點，更有想像空間！」
散戶：「我們等了半年……就在我們下定決心不等她的時候，她突然脫了下來。」

❺媒體人，被喻爲中國資訊產業最具影響力的獨立評論家
❻歷史學家，前中共總書記胡耀邦之子

第四章　心生活的資源

心生活也需要資源，這就是我們通常稱作的文化資源。但是，在大多數的辭典裡，資源一詞僅僅被解釋爲生產資料或生活資料的天然來源，而沒有包括文化資源。在心時代沒有出現過的國家，尤其是歐洲北部、北美等文化積澱相對短淺的一些新興國家，根本沒有文化資源這個概念。在文化歷史淵源流長的一些國家，雖然累積了許多文化資源，有文化資源的概念，但也被物質的慾望、生產和競爭所壓抑。《大英百科全書》沒有這個概念，中國的《現代漢語辭典》中也沒有這個概念。資源這一概念，居然不包括文化，僅僅停留在生產資料和生活資料範疇，可見，我們對這一資源的忽視。當然，只要心靈的需要沒有成爲普遍的需要，心時代就不會到來，心經濟就不會出現，我們也就不會去注重文化資料，以及去注重文化資料的天然來源——文化資源。

文化資源是那些能夠滿足人們心理和精神感覺的天然來源。它具體表現爲三大類：一是自然的。它包括天文的和地理的現象和風貌；二是歷史的。它包括人類歷史進程中的所有遺產，也就是大致與文明這一概念相當的一些遺存；三是文化的。即存在於人們心中的觀念和方式。它包括文化的特質、經典、性情和習俗。

與生產和生活資源比較，文化資源的第一個特點是不可複製性。自然的文化資源，如喜瑪拉雅山或錢塘江潮不可能複製；歷史的文化資源，如拿破崙失敗的滑鐵盧戰場和馬克思在倫敦大英博物館落座的處所也不能複製；還有一類文化資源，如浪漫的法國文化狀態和嚴謹的德國文化狀態，更不可能複製。這一特點決定了文化資源基本上是獨有的、單一的、個性化的。雖然有許多主題公園仿製了許多自然風貌和名勝古跡，但是人們知道它是仿製的，不具有原始性的價值，因此，它在自然、歷史和文化上是失眞的，在風格、氣氛、氣象上是怪異的，文化消費的價值也是缺失的。在遊覽過以世界爲主題的公園後，沒有人會說去過了巴黎，見到了艾菲爾鐵塔；在看過了中國九寨溝風光影片介紹之後，不會使人放棄去九寨溝遊覽的念頭。這是因爲，人們需要有文化資源原始性的眞切感受，要體驗到那裡的水，聽聞到那裡的風，感受到那裡的氣息，到此一遊不行，身臨其境也不行，心入其境才是到了。

文化資源的第二個特點是它的稀有性。雖然文化資源被圈定爲自然的、歷史的和文化的三大類，幾乎包括這個世界所有的資源；自然將空間納入了，歷史將時間包容了，文化涵蓋了整個人類的內心世界，但作爲某一族群的文化資源，它又是有限的。文化消費有一種「自覺向上」的定律，人們總是去觀賞那些能與文化相呼應的、富有個性的、經典的、甚至是第一或唯一的地方，去體驗閒則至閒、險則至險、絕則至絕的情境。所以，在這個浩大的世界裡，留下來的文化資源，爲人們所認可的文化資源就屈指可數了。像聯合國教科文組織在全球認定的文化遺產只有六百多處。

文化資源的第三個特點是它的非消耗性。由於文化消費是一種主觀的感受，是精神經歷而不是物質享受，所以它是一種感覺，而不是一種消耗。人們主要是聽了、看了、感覺了就付錢，消費的主要是無形的東西——意味、意趣、意境，意義，而不是吃了、穿了、住了才付錢，因此，那些資源可以長期存在，反覆感受（消費）。例如中國的故宮，遊覽觀光者愈衆，年代愈久，意味就更濃，價值就更高（當然，這些意味的載體，有一些消耗，但它畢竟是有限的。文化形式應該被完整地保存著，它可以使某些意味被眞切地感受）。

文化資源的不可複製性、稀缺性和非消耗的特點，使文化資源較生產或生活資源具有更長久的價值和意味。它自動地擁有了市場，而且是一個相當持久的市場。我們必須很認眞地去發現我們的文化資源，發現那些能夠滿足人們心理和精神感受需要的天然來源，許多我們曾經不屑一顧的東西可能就是心時代的寶藏。中國許多千年舊窯中的陶片、瓷片，至今散落在舊遺址上，遍地都是，而僅有十年、百年歷史的柏林牆的舊牆磚、艾菲爾鐵塔「瘦身」下的小鐵條，卻已成了人們收藏的珍品。現在，旅遊景觀新的發現不時出現，我們應該相信，我們可以找出許多文化資源。

但在我們的觀念和思想上出現了一個很嚴重的錯誤。我們至今有許多文化工作者，看不見文化資源，看不見文化資源中眞正有價值的東西。他們用物質的眼光看文化資源，用物質經濟的手法經營文化產業，結果，無形的最有價值的文化意味和形式被他們忽略了；結果，經濟愈發展，工作愈努力，文化意味卻愈淡薄，人們對那裡的文化形式也感覺愈來愈差，去那裡的人也愈來愈少，從而最終失去了發展的目標，失去了文化產業（這裡需要警告的是，文化資源的不可複製，決定了文化資源不可恢復，因此文化資源一旦失去，就是永遠的失去，不管怎樣重建，都再也無法復原始初的一系列意味）。當前世界各地每天都在大量地出現這種案例。尤其令人沮喪的是，那些一心一意想發展文化產業的人，由於對文化瞭解不足，缺乏識別文化資源價值的能力；他們正在很認眞地做一件錯誤的事情，致使發展的結果與目標恰恰相反。我們看到了一些城市正在大興旅遊產業，積極性高過另一些城市，但它的遊客數量卻在逐漸下降，甚至被一些無爲而治的地方超越，原因就在於此。

我們應當深入發掘文化資源，在現有的基礎上，使這些資源不僅爲人們所經歷，還將爲人們所體驗和信仰。中國的禪宗、法國的藝術，山東的孔林、孔府、孔廟和蘇州的園林都有深入發掘之可能。現在，這些文化資源只是在文化經歷上被人們體驗著，這是非常大的浪費。打一個比喻，好比請人們吃山東花生，只吃了一層殼，沒吃到皮，更沒有吃到仁。還如經歷廬山，我們只見到了它的實在，看不清它的形態，體驗不到它的氣象，更沒有覺悟到它的精神。只有讓人們感受到文化資源的實在、形態、意象（風格）和精神，我們的發掘才是深入了，價值才能徹底地被表現出來。

發現文化資源，可以重新評定一國、一地、一公司的戰略地位和發展方向。我們可能曾經是物質資源相當匱乏的地區和國家，它限制了我們的發展。但是，由於心時代的到來，心理和精神需求迅速增長，我們發現了豐富的文化資源，而這些文化資源又能充分地滿足人們的心理和精神需求，於是，這樣的國家、地區和公司將迅速成長起來，成爲聚集文化消費的市場焦點，取得前所未有的市場優勢，成爲新一輪文化經濟發達國家；而另一些國家因爲文化資源稀薄而落魄爲「第三世界」。文化、文化資源、文化能力（最擅長的）的發現將使世界經濟格局發生一些變化，一些國家和地區將主要生產物質產品，充分滿足人們生存、生活、生理的需要；另一些國家和地區將主要生產文化產品，充分滿足人們的心理和精神需要。從文化資源的發現、發掘、經營中去重新確定我們的發展方向和力量，是文化產業戰略思考和發展的基礎。

世界文化資源相當厚實，我們應當以一種敏銳的眼光對自然的、歷史的、文化的資源作一些發現，不能對這些文化資源視而不見，也不能視若無睹，習以爲常。我們必須轉變觀念，調整思維方式，擦亮眼睛，保持那種敏感的心態，對一切都要有一點大驚小怪的感覺。世界文化市場上，什麼都有人要，什麼都有人消費。拿破崙的頭髮值幾萬美金、英國一個自然狀態的小村莊，其遊客絡繹不絕、巴哈馬的礦泉水在美國大行其道，美國人狂喝不已，連巴哈馬人也驚詫不已。但美國人說，就因爲這水是巴哈馬的，他們要的就是這個意味。所以，你一定有一些文化資源被忽略了，而這些資源恰恰是另一些人正日思夜想，渴望感受或享受的。

天然的文化資源

二〇〇一年三月，中國四川省的旅遊部門宣布，將十大風景區的經營權向社會出讓。消息一經發布，在海內外引起了強烈反響，數百家公司紛紛到四川考察，表明了合作意向。此次出讓經營權的十大景區分別是九寨溝、三星堆遺址、四姑娘山、稻城亞丁、青城山磁懸浮旅遊列車工程、劍門蜀道、涼山中華航天博覽園、自貢恐龍王國公園、閬中古城、康定康巴文化旅遊區。但中國政府方面立即表示，這些風景名勝區是珍貴的，是不可再生的自然及文化遺產，而且也是國家的特殊資源，因此不宜出讓經營。此事不久就偃旗息鼓。

這一個事例很具體很典型地說明了，我們仍然在用二十世紀的觀念和方式思考問題，構想經營戰略，仍以物質製造滿足人們生理需要的邏輯去審視文化資源，缺乏反物質，反製造的意識。我們對心時代、心經濟麻木，對天然的文化資源發現不足，尤其對文化資源的價值嚴重估量不足。此次四川省出讓經營權的十大景區中，大多是國家級的風景名勝、自然保護區和重點文物保護單位，尤其是九寨溝，是世界文化遺產，而且在世界鈣華地質特點上，無論從數量、特質、景觀之美來說，都是絕無僅有的。當然，九寨溝也是不可複製的，是世界唯一的。這樣的天然資源，其價值現在不可估量，將來更不可估量，對全世界來說，也都是極其寶貴的。我們可以預言，由於心時代的到來，由於九寨溝的唯一性和絕美的景觀，不需要十年的時間，它將成爲世界各地遊客必然要去的景點之一。而到那時，四川省除了在效益上使之增值以外，更重要的是，使之有節制的開放，以免重蹈青海湖鳥島的覆轍。青海湖由於遊客太多，使湖岸大片草原開始退化，鳥島的鳥群數量逐漸減少，旅遊的意趣也遜色不少。

由於九寨溝是非消耗性的景觀性產品，人們看了就付錢，而不是吃了、穿了付錢，所以我們只要稍加投入開發，長期努力維護，就可以數十年、數百年不斷地獲益。其投入產出之比，是任何物質產品都不可比較的。這樣的景觀誰不樂意投資？誰願意讓他人來投資？世界上許多國家都將這樣的景觀看做是國家稀有的、特殊的、不可再生的資源，看做一個國家的價值之一，這些獨特的景觀不是由國家經營，就是由國家管理。四川擁有天下無價之寶，是自然的垂青，是非常幸運的，居然要出讓，眞是不可思議。

眼下，我們雖然不容易發現像九寨溝那樣的文化價值，更不容易發現它們的氣質，但很快我們就會覺察到它們的價值，從而會使得我們更加珍惜世界級、國家級的文化遺產。我們注意到，在全世界有六百餘處被聯合國教科文組織確認的文化遺產，其中，中國約三十處。現在，我們應該注意發現新的自然的文化資源，尤其是那些人們新的心理和精神所嚮往的地方，它們正成爲人們新的興趣和意義所在；或是刺激更大，或是境界更高，或是更令人舒坦。它們可能是義大利或澳大利亞沙灘上金燦燦的沙粒（好的沙粒甚至在日本的大型超市裡零售）和更溫暖的陽光；它們還可能是黑龍江大興安嶺更適合滑雪的山坡，也可能是某地清新而柔軟的風，或者一半是風雨、一半是晴天的自然景觀。世界各地的衝浪高手們正準備用三年時間尋找巨浪，因爲法國海岸和夏威夷島周遭高七十英尺的浪峰已經無法滿足他們需要。尋找巨浪不僅可以爲他們創造紀錄提供條件，更重要的是，浪每高一英尺，衝浪高手就會多收入一千美金，觀衆也可欣賞到更驚險的表演。因此，如果你發現了更高的巨浪，你就可以將法國和夏威夷的衝浪市場輕而易舉地收入囊中。此外，那些奇峭的懸崖，湍急的激流，險惡的山間小道，曾經阻礙了我們物質經濟的發展，但是，今天極限旅行者和探險家熱衷於此，他們希望山澗流水越來越急，懸崖越來越光滑，山道越來越長，這樣，他們才能滿足自己「更快、更高、更強」的消費需要。

一些偶然發生、自然的文化資源也應當受到我們的關注。日蝕和月蝕，星雲的隱現，潮漲和潮落，火山的爆發都可能成爲文化資源。二〇〇一年六月二十三日，菲律賓著名的馬容火山強烈噴發，每天有岩漿自火山口溢出，並流向山下，同時還伴生了十幾次短促的震顫和小規模的地震，直至七月二日，火山仍升騰著煙霧，有可能再次爆發。但是世界各地的火山愛好者已經蜂擁而至，他們來到臨近馬容火山的萊加斯皮市，擠滿了那裡所有的酒店和度假村。他們有的來這裡感受火山的爆發，有的是爲了捕捉這座正在爆發中的近乎完美的雛形火山的「倩影」，爲它拍攝大量的照片。菲律賓的一位官員說，馬容火山的爆發對人們的物質生活造成了很大的破壞，但是對旅遊業的影響則是正面的，形成了一次「爆發性」的旅遊潮。中國杭州舉世聞名的奇觀是一年一度的錢塘江潮。中國揚州，這座中國最著名的月亮城，是一個月亮最美的地方。中秋節是中國民間三大節日之一，農曆八月十五，觀潮、賞月、團聚、吃月餅是中國人文化感受需求的巔峰之一，但我們能否發現更多的意味，使中秋這一文化大餐讓十三億人心滿意足呢?當我們看到澳大利亞人在大熱天過著耶誕節，撒出大量的細小的紙屑，以裝飾出冬天的氣象和聖誕的氛圍時，我們可以看出，獨特的合乎意味的自然景觀，給人們心理和精神帶來的樂趣確實相當重要，並有著極高的文化價值。中秋月亮的陰晴圓缺給中國人多麼深的感慨，它怎樣影響著人們的心情，是我們都有的體會，我們要去細細地去發現這些文化意味。

還有很多天然的文化資源在地底下，如寶石、美玉和鑽石等。人們對黃金和白銀的消費，也已經從貨幣、財富轉向文化意味，而寶石、美玉、鑽石更多的是財富、權力、地位、優雅、持久、信譽和忠誠的象徵。它們更多地被人們的文化消費著。我們要發現的是自然產物中的文化意味，而不是自然產物本身。世界最大的鑽石經營公司德比爾斯，從鑽石中提煉出人類所傾向的愛情和永恆這兩項意味，盡情展示婚姻的美滿和「鑽石恆久遠，一顆永留傳」的主題。在跨越千年的二〇〇〇年，當時間和永恆在人們的心裡放大時，鑽石成了這些意味最好的代表。僅德比爾斯公司的鑽石銷量就達到了五十六點七億美元，收益增長了百分之八十四，庫存減少了九點二四億美元。

二〇〇一年八月二十九日，印度海德爾拉巴大公——尼紮姆王室珍寶在印度首都新德里國家博物館展出，參展的一百七十三件珠寶中，最引人矚目的當屬世界第四大鑽石——「雅各布鑽石」。這顆鑽石發現時總重量爲四百五十七點五克拉，加工後爲一百八十四點七五克拉。它的清晰度、重量、顏色三方面全部達到鑽石專家夢寐以求的境界，是絕世精品。在燈光照射下，「雅各布鑽石」既像一位冰清玉潔的公主，又像一位歷經風雨的智者，它所折射出的，不僅僅是千變萬化的絢麗色彩，似乎更有一縷縷印度博大精深的文化氣息。所有的參觀者都悄聲細語，被雅各布鑽石的魅力所懾服。印度總理瓦傑帕伊在展覽開幕式上發表講話，希望更多的國民前去觀賞，並能在心中永久保存。開展以來，前來參觀的印度人絡繹不絕，在看到參觀的外國人時，印度人無不在目光和笑容中流露出自豪的神情。更有不少好奇的印度孩子仔細地讀著櫥窗前的文字注釋，一雙雙專注的目光表明，他們不僅僅是想瞭解鑽石，更多的是對祖先寶貴遺產中所蘊含的悠遠的歷史和文化的解讀。

當然，這個星球的表面還有很多天然的寶物值得我們去體察其中的文化意味，讓它們的價值顯現出來，讓人們的心理和精神獲得感受，活躍起來。一些珍稀動物、野生動物吸引了生態旅遊者、兒童和動物保護者；一些植物或者茶葉、咖啡、葡萄（尤其是加工成的葡萄酒），被人們在感受。中國廣西橫縣以盛產茉莉花茶聞名於世，每年的花茶展吸引了世界各地的客商。橫縣因氣候溫暖、雨量充沛，土壤條件非常適合茉莉花生長，年產茉莉鮮花六萬噸，占了中國花茶的一半，世界的三分之一。由茉莉花始，橫縣帶出了花茶、加工、貿易、旅遊和「中國茉莉之鄉」的美譽。但是，橫縣的經營似乎還停留在滿足人們「喝茶」的基本需求上。如果橫縣在文化上更深入，其花茶的價值會更高，茉莉花也完全有可能從生理、心理、精神上全面滿足人們的需要。

二○○一年七月五日，廣東增城市舉行了馳名中外的荔枝珍稀品種——西園掛綠荔枝——的公開拍賣，每棵從八千元起拍，參與者十分踴躍。最終，一棵母樹上僅熟的二十個荔枝果，分別以一萬至三萬餘元人民幣被拍出（二○○二年更升至五十五萬元）。增城掛綠荔枝母樹已有四百多年的歷史，因果實「其殼上赤如丹砂，下綠如澄波」而得名，更因「其果肉晶瑩，玉白光鮮，質地爽脆，清甜微香」而被世人視爲荔枝中的絕品。很多拍賣品都是幾個果實共用一棵荔枝，許多人以見了、聞了、嘗了爲幸運，這不僅僅是西園掛綠的味好，更重要的是對這一稀世珍寶有了閱歷、經歷，心靈有了一次呼應。

在心時代已經到來的時候，我們沒有理由再去爲了溫飽，爲了農耕，而去犧牲那些未經開發的自然、森林，村莊不應該以犧牲獅子、老虎、大象生活、漫步、捕食其獵物的野生棲息地爲代價而進行擴展。我們即便用市場的眼光，也能判定中國的華南虎、熊貓的存在和生存空間，其文化價值在心經濟中將產生遠高於農耕時代的價值，這已經成爲共識，更何況人類的生態、自然以及這個星球的物種都應當受到保護。我們須珍惜天然的文化資源，至少當我們開始改變自然時，需再審視，不要損失或破壞了它們中可能存在的文化資源。畢竟，天然的文化資源既不會再生也不能複製；畢竟，它們的價值幾乎是無法限量的。

發掘歷史的文化資源

時間避免了許多事情同時發生，這種結構就給出了歷史的長短和事件發生的先後，給出了歷史感、歷史地位和因此而產生的種種榮耀。歷史是線性的，是時間性的，每一段歷史都不會重複，也不會倒流，故在歷史中扮演一個角色是人們所踴躍的，對歷史進行解讀和感受，使個人的心理和精神進行歷史的漫步也是人們所樂意的。歷史所以成爲文化資源，原因就在於此。一些偉大的文化遺產，在經歷了歷史的沖洗之後脫穎而出。古代七大奇蹟：古埃及的金字塔、巴比倫的空中花園、艾菲索斯的阿特密斯神殿、奧林匹亞的宙斯雕塑、哈利卡納蘇的毛索洛斯陵墓、亞歷山卓的燈塔和羅德島的太陽神巨像，千百年來讓每一代人感動不已，讓人們的心理和精神得到昇華。近八百年來，又有一些奇蹟般的文化遺產得到人們的認可，這些文化遺產有印度的泰姬瑪哈陵、中國的長城、智利復活島上的巨形雕像、瓜地馬拉的蒂卡爾古遺址、法國的艾菲爾鐵塔和沙特爾大教堂等，時間給了我們巨大的文化遺產。

歷史的文化資源都是前人投資的，這些資源眞正應了「前人種樹，後人乘涼」的俗語。尤其是四大文明古國更是如此。需要特別指出的是，中國歷史文化脈絡代代相傳，有稽可查的就有五千年，且中間沒有斷裂過。千百年來，數十億中國人努力投入的文化資源，眞是博大精深、悠遠敦實，是中國最大的、最有價值的寶藏，一旦審愼打開，深入發掘，細細展現，一定會讓全世界驚詫。心時代的到來，使我們可以開始經營中國文化及其歷史，它將在全球獲得驚人的價值回報。這種歷史資源的發掘和經營已經不勝枚舉，無須在此贅言。而且，我們應當用考古學的方法和態度，去發掘文化和歷史給予我們的珍寶，讓世人的心理和精神得到滿足，與此同時，歷史的價值也可以兌現。

歷史曾經有相當高的價值。二〇〇一年八月，湖北鄂州大學教授童力群先生發表了他潛心研究《紅樓夢》二十二年的結論。他表示，南京花塘村即爲《紅樓夢》中的大觀園。這使中國各地仿造的大觀園處境尷尬，一天之內成爲贗品，從而身價陡降。如果一段歷史斷了，人們使它繼續，歷史的意味也就留了下來。二戰結束後，波蘭華沙有七十萬人不幸罹難，整個城市被炸成一片廢墟，幾如廣島。最簡單的重建工程或許是將僅剩的一切夷爲平地之後，再從頭開始建造一座新城，但是華沙人沒有這樣做。他們挨家挨戶從舊地圖、老照片和人們的記憶中恢復了華沙的原貌，然後按圖索驥，逐一恢復。二戰以後的許多城市被毀，但大多像華沙一樣採取了恢復性建設的方法，這是明智的，因爲它使人們看到了歷史在繼續，歷史的價值也在這種繼續中承接下來。

一種保存歷史最爲簡單的方法，是將歷史以文字或圖形的樣式收集起來，辦成圖書館。成功的圖書館首先是大，這樣你可以看到歷史的豐富和悠長。二〇〇一年，世界十大圖書館中，最大的藏書在二千六百萬冊，最小的也有七百萬冊。位居第三的中國國家圖書館（北京），藏書達一千五百九十萬冊。它們因爲博大而收入了宏偉壯闊的歷史和經驗，每天吸引著世界各地成千上萬的讀者來這裡參觀或學習，有些圖書館本身因此而成爲觀賞對象。世界上一些著名的圖書館已經成爲了歷史的一部分，例如大英圖書館，不僅以藏書架總長三百公里，藏書設備條件先進而聞名於世，還因爲馬克思在這裡的圓形閱覽室專心讀書，以致於在地板上磨出腳印的故事而聲名遠播。

如果我們對文字和圖形的歷史感受不夠形象和深刻的話，我們可以設法去重演歷史上一些偉大的革命、戰役或場景，這種場面可以由地方政府出面主持，電影公司開發設計。有人建議，因爲現代人沒有趕上一八一五年六月的那個雨天，參與法國軍隊與反法同盟交鋒的滑鐵盧之戰，我們可以重新創造一部分場景，讓那些對軍事史有興趣的專家，對軍事旅遊有愛好的人，買票來當群衆演員，並扮演其中的一些角色，再次經歷和體驗當年的場景。一些博物館、旅遊景點和電影，正是在歷史的這種發掘中發展起來的。

由於歷史總是使一些事情發生又使一些事情終結，那些已終結的人物、事件、物品於是都成了孤品。這就使每一種文化的經典的東西，在其發展中顯得價值連城，而且隨著時間的推移，價格還會一路攀升。中國人在生活哲學和藝術方面位居世界前列，其衣食住行中有許多世界級的精品，甚至是絕世精品，對此我們不應當忽視。一九九四年，在紐約蘇富比拍賣行的一次拍賣中，一張十八世紀的中國桌子以三千五百四十五萬美元成交。這樣的物品在五千年的歷史中，在九百六十萬平方公里的國土上，在十三億中國人裡，應該還有未發現的，可能還不少。一些工藝品或藝術品，因爲稀少和歷史的原因，價格飛升。一九〇一年，一幅畫的最高拍賣價爲五十萬美元，一九八四年後首次突破一千萬美元，一九八七年連續跳過四千萬和五千萬美元大關，一九九〇年則在八千多萬美元上。一五一七年，法國國王法蘭西斯一世只花了四百九十二兩黃金（相當於現在的二十七萬美元）就買下了達文西的《蒙娜麗莎的微笑》，一九六二年這幅畫的估價就值一億美元，而現在無論花多少錢也無法購買了。當心經濟在全球展開後，歷史（以人物、故事、物品爲載體）的價值會迅速飆升，現在許多藏品，在二十年之內其價值翻十倍、百倍，乃至千倍的事不會少見。而更多的，則是那些曾經被我們忽略的具有歷史文化價值的符號、物品、樣式、場景，會爆發出它們的價值。因此，我們從現在起就應當像尋找鑽石、藍寶石那樣，去尋找富有歷史意味的文化資源。

歷史上的許多偉人，仍然是今天源源不斷產生著價值的文化資源；曾經的一些時尚人物，今天依然使他們的後人受益。相對歷史而言，人生的短暫和現實生活的淺薄，使人們對歷史充滿渴望，這一需求使歷史人物成為人們瞭解、經歷和體驗的對象。一位美國人列出了世界上一百位偉人，穆罕默德、耶穌、釋迦牟尼、孔子、蘇格拉底、漢武帝、毛澤東是其中的幾位。在中國諸子百家、三教九流中，在源遠流長的歷史上，偉大人物何止成千上萬。譬如，有人們信仰的關公、包公、濟公；有人們尊崇的王羲之、蘇東坡、陶淵明；還有人們學習和仿效的許許多多的智者，至於藝術和工藝大師，更是數不勝數。

中國在文化歷史方面不僅偉人多，而且有不少還是世界級的偉人。不要很久，我們就可以看到，在世界各地，講文化的必講老子；講生活理想的必講孔子；講軍事的必講孫子。人們還會從毛澤東的思想裡，找到許多有價值的方法和觀念。這些偉人的出生地、居住地會很快成為人們的旅遊勝地，因為人們心嚮往之。使歷史以及歷史上的偉人成為一種文化資源，使這一資源充分經濟化，是一件輕而易舉的事。只需把偉人的故居一打開，文化消費就會蜂擁而來。在毛澤東的故鄉韶山，因發展旅遊業，其人均產值已達到一萬元人民幣（在二十年前那裡的人均收入不到三百元人民幣）。現在，每年前去韶山旅遊的人數達一百一十八萬人次。但我們對文化資源的發掘還沒有達到它們應有的水準，更沒有達到美國人無中生有的水準。只要看一下美國二百五十年歷史中發展出的博物館的類型、數量、規模，再回顧一下我們博物館的發展狀態，僅此一端，我們立刻就可以看到中國的歷史文化資源的發掘還有很大的空間。

時間和歷史留給我們許多寶貴財富。我們要拋棄一切偏見和對歷史的麻木去發掘和保護歷史的文化資源。許多人很難理解聯合國教科文組織爲什麼把奧斯維辛集中營列入了世界文化遺產名單。在二戰期間，坐落在波蘭南部一個安靜角落的奧斯維辛集中營，有一百多萬猶太人在這裡被殺害。它雖然不是城堡殿宇，也不是國家公園和歷史中心，但它確實是人類歷史的一部分。可以說，這一分文化遺產，不僅是一段歷史的見證，更是對人類能否銘記自己令人髮指的邪惡品性的考驗。爲了使遊客能夠牢記眼前的一切，集中營博物館的管理人員做了很多工作。他們不讓遺跡的任何一部分受腐蝕，同時也保持克制，不過分處理，不將其美化或醜化。奧斯維辛集中營也確實給人類帶來了許多心靈的震撼。每年，來自世界各地的人，會從中進一步感受到它的影響力，這對人類是一種很好的教育。

一些歷史短暫但影響力巨大的資源也應當受到我們的注意。好萊塢的一些電影檔案，如新力、米高梅、派拉蒙、華納兄弟、二十世紀福斯和環球影片等七家電影製片公司擁有的影片檔案現價就值四百多億美元，而電影檔案中的收入也將從一九九八年的七十億美元增加到二〇〇二年的一百一十億美元。由於電影播映權價值的持續上升，影片檔案成爲一種新的文化資源。寶麗金公司一九九八年斥資二點二五億美元買下了包括《畢業生》在內的一千零五十部影片檔案，以期進一步升值。

很多公司向時間索取更多的資源，並去創造它，以進一步滿足人們想像力的需要，他們不僅發掘過去，而且構築未來。迪士尼的未來世界和許多表現未來題材的影片就在這樣做，這使我們經營時間和歷史的空間更寬敞了。既然人們對此已經有了需要，我們的想像力就應該足夠滿足這種需要。

歷史還給我們留下許多故事。這些故事是又一筆寶貴的文化資源。歷史故事的價值也在日益上升。一個好的故事，會被人們反覆利用。美國的牛仔、珍珠港，中國的孫悟空、濟公、赤壁大戰和紅樓夢就是這樣的實例。歷史故事的豐富性、個性和深刻性，決定了這一文化資源在社會存在的寬度和深度。一些偉大的故事永遠在歷史中流淌，像關公過五關斬六將和孔融讓梨等，讓我們一代代都深受感動。

當世界村被建立起來，我們每時每刻都能通過電視和網路流覽它時，虛構的小說會衰落，將被眞實、豐富、奇譎和深刻的文化故事所替代。各民族豐富的文化個性和特質演繹出不同民族的奇妙故事，將個性表現到了極致，令人嘆為觀止，而各種紀實的、現場的、探索的方式將受到人們的關注。人類的文化本身開始成爲人們注意的中心，歷史故事成爲人們觀賞的主題。

中國是歷史故事最爲豐富的國家之一。在中國，一個人有一批故事；在法國，一個人有一串故事；在美國，一個人有幾個故事；在英國，一個人有一個故事；在瑞士，幾個人才有一個故事；而有些國家，可能也只有幾個故事。中國會有一批世界級的歷史故事經營公司。現在，我們就應該開始做些準備，將故事註冊登記，獲取版權；同時對破壞中國歷史人物和故事形象的現象做鬥爭，全力維護好民族的文化遺產。文化形象較社會形象、個人形象更嚴肅，文化資源的損失較物質資源的損失更大，我們不能對文化資源的被破壞無動於衷。對於像日本動畫片

《七龍珠》中對中國民族文化形象孫悟空的破壞性運用這種事情，不僅要禁止，而且要其賠償文化損失。許多企業會爲一個品牌形象的被破壞而訴諸法律，任何一個民族和國家也一定會爲一個民族文化的形象被破壞而求得公正。文化資源不能被侵吞或遭到無理的塗鴉，這是每一個民族和文化的使命與尊嚴。

耐看的生活

法國最大的文化產業資源是法國人的生活方式，巴黎、巴黎的艾菲爾鐵塔、鐵塔旁出售的旅遊紀念品，只是法國人生活方式的一部分或是一種符號而已。人們從世界各地趕來，首先想看的，就是法國人的生活。香港最大的文化產業資源也是如此，一個金融、貿易、資訊、娛樂的中心，加上六百多萬生活在其中的人，共同構築了這個城市的生活理想、態度、方式，形成了這個城市的氣質、風格和氣象。人們來這裡，首先想感受的是它的氣息，它的生活。

文化是特定人群當下普遍認同的觀念和方式系統。這個概念表現出兩種可能，一種可能是，生活方式一定是文化方式的一種具體的形式。在生活方式中，可以見到一國一地文化中很鮮活的東西，它是活潑的、具體的、形象的，訴諸直覺，很容易被人們感受。另一種可能是，文化是在特定人群中長成的。不同的文化族群，文化是不同的，生活方式也不同。文化的差別可能是人與人之間最大的不同之處。如此，一種文化對另一種文化就很有可看性，有經歷和體驗的價值。對同一種文化來說，一種生活方式大家都司空見慣了，不以爲新，不以爲奇。但不同的文化間，人們會生出很多新鮮感，會有所觸動。中國人用筷子吃飯很是平常，這已成了我們自然生活的一部分，在我們的心裡沒有任何感觸，而德國人、法國人用筷子吃飯，感觸一定很多。心動了，文化感受就有了。用筷子吃飯就成了一種文化資源，如果我們深入下去，可做許多文章。

晚年經常探訪百慕達的幽默大師馬克・吐溫曾經說過這樣一句話：「如果你們去天堂，我寧願去百慕達。」百慕達有絕佳的海洋風光吸引著人們，百慕達的生活方式也相當的誘人。由於百慕達沒有淡水源頭，人們只能靠接收雨水度日，因此在百慕達，每座房子的底部不是地下室，而是一個巨大的雨水儲蓄池，帶槽的屋頂是雨水收集器，雨水從管道直接進入蓄水池。百慕達的屋頂也全被塗成白色，目的是避熱和反光。

百慕達人對機動交通工具沒有好感。爲了保護生態，他們曾禁止引進和駕駛汽車，直至一九四六年才開禁。但是，直到今天，每個家庭也只允許有一輛汽車。當遊客在不熟悉的道路上駕駛摩托車時，當地人會很不願意看見這種情景，於是就去報警，讓員警來終止遊客駕乘摩托車的行爲。

島上引人注目的生活情景之一，是當地男人不分場合，千篇一律地都穿短褲。工人、銀行職員、保險公司的經紀人都以短褲爲正裝，近來議會議員也開始穿短褲到議會開會。領帶、夾克衫、短褲配長襪是那裡的正裝打扮。嚴肅的人只是不穿紅色或黃色的短褲而已。

在百慕達島上，黑人占百分之六十，他們主導了島上輕鬆快樂的氣氛。這裡的人做事一般不太拘於禮節，說話也很隨意。到處可以聽見大聲的問候，熱情洋溢其間。這種問候無論何時，無論何地都會發生：在窗台上，在汽車視窗，在人行道上，人們顯得相當的率直和友好。

遊客喜歡那裡，很大一部分理由是這裡的生活方式和場景。

如果說百慕達還有海洋和景觀作為基礎的話，那麼人們去德國小鎮海德堡旅遊則主要是因爲小鎮所顯現出的那種生活狀態。海德堡是德國的一個小城鎮，三面環山，一面臨海，人口十七萬。這裡並沒有世界級的綺麗風光，僅憑一些老鎮的風情、宮殿的殘跡和海德堡大學，每年就吸引了三百五十萬來自世界各地的遊客。

海德堡有一條老街，老街上人們的生活可能是遊客們最感興趣的景點。每逢週末，街上十分熱鬧。你可以看見吹單簧管的小男孩，還可以看見扮小丑的其他孩子；你可以聽虔誠的教徒唱詩，也可以接受他敬發給路人的傳單。乞丐默默無言地站立著，用他的眼神跟你對話。當然，也有人悠閒地坐在臨街的咖啡吧，冷冷地看著這一切。

有時，你會看到一個小女孩走過來，手裡牽著一條像熊一樣的狗在散步。如果有人受驚，小女孩會微笑著向你說聲對不起。那狗則會友好地搖著尾巴，用舌頭舔舔受驚者的鞋。人們會相視一笑，揮手說再見。兩位年輕的父親在街上相遇了，他倆熱烈交談起來，他們各自推著的孩子，也從嬰兒車裡伸出小手互相拉著。父親們不負責任地往孩子嘴裡塞著什麼，孩子們則把嘴對著父親張著，眼睛卻向著對方的小夥伴不時地微笑，街上滿是人。什麼語言都可以在這裡聽到，僅漢語就有普通話、廣東話、上海話……

其實，在中國有許多這樣的北方小鎮、江南村落、尋常人家，它們都是一筆非常厚實的文化寶藏。人們的生活狀態、工作狀態、學習狀態都可能是極好的文化資源。在這裡，一個井台的設置、河流的走向、建築的佈局、巷陌的路徑都有很深的生活積澱，其中有很多的文化意味，可以讓人們很深刻地經歷一番。許多國家都設計了當一回某國人的方案，目的就是讓不同文化的人經歷其中，體味其個性和韻味，這些資源就來自於生活本身。

北京有一家厲家菜館，因爲很好地運用清宮廷生活方式——宮廷菜，經營得十分紅火，十六年來共接待了五萬名外賓，包括六十多位國家元首、拳王阿里、比爾・蓋茲等社會名流。厲家菜館只有一張桌子，一桌只能坐十人。吃飯不預訂，那就吃不成了。服務員是一對老夫妻，厲先生長於英語，太太王曉舟擅長日語，服務很眞誠，其烹調藝術、典故和滋味也介紹得很徹底。厲家菜是清宮廷菜的一個分支，但每道菜都精雕細刻，雖每席價格上萬元，但顧客都覺得物有所值。例如，厲家人做燕翅席，須先將魚翅浸水過夜，再去皮，用溫水再浸個二至三天，然後去骨。浸潤妥當後，以老雞、鴨子和新鮮肘子肉煲成高湯，再放魚翅，用微火燜八、九個小時，才烹製成功；桌席、服務、菜肴、烹調完全是宮廷樣式。顧客從中果腹是其次的，吃著的是這種生活方式，吃後感受到的是這種宮廷生活方式的意味，這對人們心理和精神至少是一種經歷。

風俗是筆寶貴的財富

風俗是一個文化群落長期形成的風尙、禮節、習慣的總和。中國古人認爲「國家元氣，全在風俗」。這話說得非常有理。至少一個族群的文化精神是可以從當地的風俗中看出的。

寫本節的時候，我在揚州。雖然我出身和生活在江浙一帶，也去過揚州，但今天揚州的風俗仍帶給我深刻的心理和精神經歷。我爲揚州擁有如此豐富的文化遺產而興奮不已，尤其對其中三句話，印象深刻。第一句是民間諺語：「堂前無字畫，不是舊人家」。這句諺語揭示出揚州人對文化傳統之熱愛；第二句是瘦西湖大門口的楹聯：「天地本無私春花秋月盡我留連得閒便是主人且莫問平泉草木」、「湖山信多麗傑閣幽亭憑誰點綴到處別開生面眞不減請閟圖畫」。其中「憑誰點綴」、「得閒便是主人」，眞正道出了文化感受的最高境界；瘦西湖屬誰，物質屬誰是次要的，對瘦西湖體驗有了，心理和精神都感受到了，這才是最重要的。第三句是一位日本遣唐使說的，「到了揚州，就沒事了」。從這句話可以看出，當時國內外對揚州文化風俗的肯定和信奉溢於言表。顯然，揚州當時的環境使人們在物質、心理和精神上的滿足和落定是非常理想的。這三句話，分別說明了揚州之風俗可以成爲巨大的文化產業。

揚州的風俗確實很醇厚，我將《揚州市志》中對風俗的概述列出，作爲我們發現文化資源的參考。

中國自古就有「百里不同風，十里不同俗」之說，揚州也有「出門三里路，各地各鄉風」之諺。這是因爲，揚州地處江淮要衝，四面八方的風俗向揚州滲透，在揚州積澱，並逐漸吸收成爲揚州的風俗。還由於揚州境內地理地貌各異，人們生產生活的方式不同，養成了境內各地不同的風俗和習慣，於是在長期的文化傳承中，形成了古城風俗、水鄉風俗和山村風俗共存的人文景致，使揚州民間風俗相當豐富。

自隋以來，揚州曾多次作爲中國商貿中心城市，至今還留存不少繁榮時期的風俗。在商貿方面，如市肆、市招、市聲，都具有濃烈的文化遺風。民間至今尚存重農輕商、喜逸好禮之風。現代都市風俗仍爲傳統風俗所包圍，風俗資源積澱深厚。

日常生活風俗是揚州風俗的主要內容。揚州傳統文化氛圍較爲濃郁，衣食住行既有物質意義，也滿足心理和精神意義。無論水鄉婦女穿著的「花喜鵲」服裝，家中擺設的手工藝品，或者是吃酒席的講究，都有豐富的意味。而沿江地區的建房、江都「船幫」、揚州的「轎行」、邗江的單輪車，也都生動地體現出揚州人日常生活的文化色彩，它們既是物質生活又是精神生活的顯現。

傳統節慶方面，揚州人非常重視「四時八節」。四時，即春耕、夏熟、秋收、冬藏；八節則分別指四個「人節」：春節、元宵、端午和中秋；四個鬼節：清明、七月半、十月朝和冬至。四時八節的民俗節慶，都有很豐富的應時應節的宴食活動，且多以民間家庭爲主，大型的慶祝娛樂也相應展開，舞龍、唱麒麟、放風箏、會船一一舉行。

揚州在遊藝競技風俗上也自有特點。至今標新立異的「廣陵十八格」燈謎、稱雄一時的「淮揚棋派」、情趣盎然的淮揚風箏以及燈彩、踢毽子、養鳥、鬥蟲、沙飛船仍廣受人們喜愛，爲人們的生活增添了不少樂趣。

自然，揚州還有許多風俗，如人生禮儀、信仰崇拜、琴棋書畫、楊柳青小調……不勝枚舉。其中每一樣風俗的無窮意味，都會讓自己感動，更會讓他人感動，尤其是那些來自不同文化群落的人們。

僅以揚州人過除夕爲例，我們就可以走一段非常豐富的心理和精神歷程。臘月三十日，俗稱「大年三十」或「三十晚上」。凡在外地的都會趕在除夕之前回家與親人團聚；各戶選黃道吉日祭祀祖先，俗稱「辭年」；備牲醴果茶敬奉諸神，俗稱「謝神」；商家辦謝神酒，以饗同仁。除夕之前，各家都備齊年貨，衣飾、糖果、茶食、煙酒、水果、菜肴、鞭炮和香燭等一應俱全；大人小孩均須在此之前理髮、洗澡，俗稱「剪元寶頭」「洗元寶澡」；各家蒸好年點心（包子、饅頭），炒好「十香菜」（用鹹菜、百葉絲、黃豆、花生米、金針、木耳、蘿蔔絲、蝦米、甜醬瓜片、醬生薑絲炒成），做好「陳年飯」供於家神櫃上，以備初六食用。除夕晚上，圍著炭火盆，燒松柏枝，接灶神，祀諸神，祭祖先，貼春聯、門神、掛曆、年畫等。全家團聚喝「守歲酒」、吃「團圓飯」，菜肴中必有鰱魚（喻意年年有餘）、安豆頭（即豌豆苗，喻平平安安）、水芹菜（喻路路通），然後「封財門」（在大門上封貼紅紙，上書「招財進寶」）。子時交歲，鞭炮齊鳴，聲震大地，辭舊迎新。至深夜，長輩在睡熟的孩子枕邊放上「壓勝果」（核桃、柿餅、橘子、蘋果、花生、糖果等），全家圍著火爐，邊烤火邊守歲……以祈新年昌盛。除夕，只是中國人春節月餘連續節慶中的一個，其意味就如此深厚悠長。六年前，我去揚州就非常感慨：「揚州遍地是黃金」，現在看來，更是如此。

風俗較之人們的日常生活具有更多的文化心理和精神意味，風俗也較日常生活更有個性。每一個文化族群都有自己的個性獨具的風俗習慣，體現著這一文化族群生命的意義。人類最終將向內看自己，看自己和他人的心理、情感、個性、思想和精神，看自己和他人的文化，因爲文化是最爲深刻的，也是差異最大、個性最豐富的地方，而風俗又是文化最好的具象，是文化的載體，是能夠喚起我們感覺的理想樣式。

聯合國教科文組織最近打算把摩洛哥的迪傑馬廣場命名爲第一個口述歷史的世界文化遺產。聯合國教科文組織希望這樣可以使世界上一些無形財富——民間傳說、風俗人情、儀式和傳統醫術留傳下來，免於滅絕。

迪傑馬廣場位於摩洛哥的馬拉喀什市，這是個露天的大市場，看上去有點像從《一千零一夜》一書中撕下來的幾頁栩栩如生的圖畫。一千多年來，變戲法的人、江湖郎中、肚皮舞表演者和說書者雲集這裡，每天向成千上萬的觀衆表演節目。有耍猴的，有耍蛇的，頭戴流蘇紅帽的小販在這個寬闊的法國號形狀的廣場四處走動，向人們兜售裝在皮袋裡的飲用水。許多人撐起條紋傘，抵擋灼熱的非洲太陽。一位大鬍子老人身著暗褐色長斗篷，頭戴黃色無簷便帽在那裡讀書。他的身邊圍著一群人，讀書人眉飛色舞，唾沫四濺，觀衆則聽得如癡如醉，一年三百六十五天，每天從早晨七點到下午二點，吸引著人們前去觀賞。十年來，摩洛哥文化遺產部率領一班人馬，爲保護迪傑馬廣場而四處奔走。他們的願望可能很快會實現，因爲聯合國教科文組織的官員們已經認識到風俗是文化遺產中活生生的一部分。

揚州和迪傑馬廣場只是兩個案例而已，這樣說目的在引起我們對風俗的重視。風俗在心時代，更顯示出它的價值，我們生活在其中，只須深入體察，盡力演繹和展現，民俗會成爲文化產業資源相當重要的一部分。

探尋民族性情

每一個民族都有自己的文化，每一種文化又都有自己的個性，每一種個性又使那裡的人們展現出不同的性情，每一種性情又會在那裡「生活」著，滋生出許多根本性的東西。世界性的文化資源往往是一種民族性情的結晶，是民族文化的經典。在這裡，我們把經典解釋爲一種文化個性廣泛而深刻熱衷的樣式。譬如中國的京劇、法國的香水、奧地利的交響樂、南美的舞蹈、美國年輕的娛樂方式、印度的歌舞、義大利的家居用品、非洲的手工藝品、泰國的佛教、瑞士的精密機械、俄羅斯的體操與芭蕾等等。這裡的種種樣式，都是一個個民族性情的產物，它們使這些樣式走向極致、走向生命、走向未來。就如韓國人熱衷於泡菜，歐洲人熱衷於乾酪，湖南人熱衷於辣味，寧波人熱衷於鹹貨一樣，人們喜歡這種樣式和風味，它們已成爲當地人的精神、心理、習慣消費的一部分，同時在製作、和消費的過程中，那種性情又發展出這一系列經典。這些都是文化歷史迴圈攀升的產物。這樣的經典，往往有很濃厚的民族文化氣息，體現著那個民族的精神；細細體悟，還能品出豐富的文化意味。一個民族文化的經典，濃縮了一種文化，包含了一種民族性情，這是最寶貴的文化資源，是最可看的，也是可以反覆看的。

我把標題寫成探尋民族性情，是希望我們能見出種種樣式背後那些活生生的至性至情，而不被那種樣式所桎梏。譬如，中華民族是一個心性平和的民族，其民族文化特質中的「和」是相當突出的。中國人與自然、與社會、與人講平和不說，即便是用於打鬥的武術，與西方的拳擊也有相當不同的氣質和風格。這種文化特質養成的武術，講究形、意、氣，強調四兩撥千斤，注意以靜制動。凡中國武術大師，都不事張揚，武德極好。凡比試打鬥，大師級的人物都很少激烈動作。武藝越高，身體接觸越少，動作頻率越低，點點撥撥即可獲勝。中國武術與中國人的爲人和藝術一樣都是修鍊而成的，在同一個哲學原理上演進和學習，都講一個意境。翻看老子的《道德經》、吳道子的繪畫作品和楊式太極拳的拳譜，它們在文化上是會通的。同一文化使人們迅速進入武術的理想境界。武術，作爲中國文化的瑰寶，只要你看下去，看進去，煞是好看。經由武術，你能看出中國文化的性情和個性，而且可以看得很深。

現在，在河南省中部的少林寺，有二百多名僧人跟著師傅在學少林拳。這座有一千五百餘年的寺廟已經在全世界知名起來。圍著這座寺廟有三萬餘名學生，他們夜以繼日地學習著。世界各地的人到這裡觀光學習，因爲人們知道這是中國文化的精髓之一。德國漢堡太極拳和氣功網路協會主席威廉·默斯騰說，無可爭議的是，太極拳可以更好地防禦別人的攻擊，在實際練習時，受傷的危險等於零。練太極拳可以使人變得強壯，還可以使人心平氣和，頭腦清醒。這樣的境界是拳擊運動所沒有的。土耳其五星級的連鎖旅館「奇幻人生」公司，最近從少林寺聘請了兩名和尚，專門教授在南部地中海度假的觀光客打太極拳。土耳其人認爲武術是中國人的「國寶」，許多外國人對中國武術很有興趣。中國的文化養育了武術，使之成爲中國文化經典，深入探尋，你可以發現一種哲學，即中國的禪宗和與此相關的生活方式，那是一種更深刻的民族性情。作爲民族性情的經典性產物，其文化意味和體系是很深厚的。我們要深入內涵，深入其心性，才算是全部發掘出了其中的文化資源，千萬不能浪費了最優秀的東西。

我們可以肯定地說，少林寺深刻的文化內涵和運動樣式，可以在全世界廣泛普及，由此可以構成一個巨大的產業。我們看一看足球運動，對此就更有信心了。足球由於是較爲劇烈的運動，使老人、婦女不能從事這一項活動。但是即便如此，國際足聯於二〇〇〇年夏季對全世界二百零四個國家和地區的調查表明，目前世界各地有二點四億以上的人參加足球運動，擔任足球裁判的也有五百萬人。全球有一百五十萬支足球隊，有三十萬個足球俱樂部，還有更多的不參加比賽的業餘足球愛好者。由於足球運動的繁榮，國家級的足球運動員身價也日益上漲。世界上三支最昂貴的球隊，其年薪支出都在一億英鎊以上。當然，足球運動也為整個世界帶來了數千億美金的產值。

中國的武術因為是中國民族性情的產物而唯中國獨具，中國武術又因為是中國民族性情的產物而成為經典。中國文化的性情正在被世界各地的人們所認同，而中國武術作為一個相當理想的載體可以使之得到傳播。這樣的文化資源和全球對中國武術的認同，使我們很輕鬆地擁有和主導這個產業。中國有中醫、中藥、有烹飪，還有一些如中國武術的產業，其產值一定會超過中國的汽車業、手錶業或其他一些行業，並且相當穩定地持續發展。因為一個民族性情的產物一定是世界一流的、第一的，甚至是世界唯一的。如果這種文化產物深刻到足以滿足人的基本的心理和精神需要的話，那麼它的市場會更加宏大。現在，我們應該去發現文化的種種資源，它們在歐洲、在北美、在南美、在大洋洲、在亞洲、在非洲存在著，人們飢渴的心靈也在等待著。

搜羅天才

文化的天才與農業、工業、科技方面的天才不同，後者依靠的是知識、理性、邏輯和對知識的運用。文化的天才與服務的天才也不同，後者依靠的是道德和態度。文化的天才依靠的是感受力、悟性、水準和表演力，這樣的天才感受力特強，悟性能力相當高，表演有相當的深度，他們能夠覺悟、觸摸人們心靈深處的那些東西，讓人們深受感動。一個天才的人物，是他的個性集聚著這些特質；一個天才的族群，是他們的文化強烈地傾向於這種特質。這些特質很少源於教育，大部分源於文化傳承。所以它們幾乎是一種天然的文化產物。巴西已故著名小說家若熱・亞馬多(Jorge Amado)就是這樣一位天才的作家。他創作的小說屬通俗小說，其不同凡響之處在於他的作品易於流行又不俗氣，可謂通而不俗，充滿藝術魅力，達到了雅俗共賞。他的小說故事情節曲折生動，引人入勝，能使讀者產生一種非要一口氣把它讀完不可的興奮。他不僅能把衆多人物巧妙地編織在一起，無突兀之感，無斧鑿痕跡，而且善於通過生動具體的情節，塑造出栩栩如生的人物，彷彿呼之欲出，使讀者有如聞其聲，如睹其面，如晤其身的感覺。他的小說已譯成五十多種文字，發行總量已達二千多萬冊。

正是由於上述原因，文化的天才是稀有的，我們必須努力去搜尋。對美國一流的情景喜劇作家的研究表明，他們的總人數從來沒有超過五十五個。如果你一旦發現一個寫情景喜劇的一流高手，你一定要將他或她視爲至寶，好好相待[1]。具有「情景喜劇ＤＮＡ」或者說能夠讓人感到快樂，同時又讓另一些人感到頭皮發麻的這種人，作爲基因材料在人類基因庫裡顯然極少。雖然在美國，眼下情景喜劇的創作人員多達六百名以上，但是，其中很少有人能在同一個地方一而再、再而三地像咖啡一樣使人提起精神，不知疲倦。

更重要的是，天才使你在文化市場上暢行無阻，人們會把大把大把的錢扔到你的口袋中。獲得二〇〇一年奧斯卡最佳女主角獎的茱莉亞・羅勃茲，是當今好萊塢最有影響力、片酬最高

[1] 一種戲劇方式，其特點是充滿口語的對白、劇場的表演形式及能與日常生活結合；如美國CBS公司於1993年至1999年推出的《天才保姆》（The Nanny）是爲著名家庭情景喜劇。

的女影星，並且已經躋身過去一直由男人佔據的「二千萬美元俱樂部」，即她的每部片酬在二千萬美元以上。雖然片酬高，但是她創造的價值也高。在過去的十個月中，連續有三部她主演的片子票房收入超過了一億美元。二〇〇一年年初，哈里遜．福特出演《K—19》一片的男主角。在二十個工作日裡，福特收入二千五百萬美金。如果以一天工作八小時來計算的話，那麼製片商每分鐘將爲雇請福特支出二千五百美元。《K—19》的執行製片蒂姆．科利認爲，爲福特花的每一分錢都是值得的。他說：「爲了讓哈里遜．福特加盟，我們不惜一切代價。他是這一部影片成爲暢銷大片的保障。」導演兼製片人史帝芬．史匹伯也認爲，爲了達到經典的水準，也唯有哈里遜．福特出馬才壓得住陣腳。好萊塢有很多演員，但他們缺乏天才，市場總是對他們關上大門。據美國演員工會在二〇〇一年六月中旬公布的一項內部調查資料顯示，好萊塢電影演員的年平均收入爲四萬五千美元，其中收入低於七千五百美元的占百分之七十一，片酬介於七千六百美元至一萬五千美元的占百分之十，介於一萬五千美元至三萬美元的約有百分之八，住在破落公寓裡人數不下於二千五百名；在夏天到來時，有的甚至連空調都買不起。

如果你確實想在文化上幹出一番事業，那麼尋找天才是你迅速成功的主要途徑。一九五三年，在美國田納西州孟斐斯市，菲力浦斯與大多數破產的音樂製作人一樣，夢想著能儘快賺進數百萬美元。但與大多數音樂製作人不同的是，菲力浦斯知道，唯有找到一個能像黑人一樣會唱歌的白人，才能賺進大把鈔票。那年七月，艾維斯．普里斯萊踏進了菲力浦斯的公司，接待他的是菲力浦斯的女秘書凱斯科。這個年輕人在錄音間裡待了幾分鐘，總共唱了兩首歌，請她錄在唱片上，他得到了四美元（一份送給母親生日的禮物）。就這樣過了一年，直到菲力浦斯想起女秘書備忘錄中的「好的歌謠演唱者」，才邀請艾維斯到錄音棚錄了一首《那麼好吧》（That's All Right, Mama）。那天，菲力浦斯終於明白，他找到了他所要找的人——艾維斯（貓王），找到了一種文化正強烈渴望的意味，和一個演繹這種意味的天才。貓王打破了白人和黑人的圍牆，他用福音歌曲和藍調的旋律與節奏，加上白人鄉村歌手自負的憂鬱，徹底摧毀了它。貓王每一種被禁止的動作都會被青少年充分地認同。沒有幾個月，貓王成爲戰後一代的偶像，即使連好萊塢的巨星馬龍·白蘭度和詹姆斯·狄恩都望塵莫及，艾維斯創造了青少年全新的文化體系。對許多西方世界的青少年而言，在艾維斯之前，他們是一種生活，在艾維斯之後，青少年開始有了自己的市場，自己特殊的文化，包括穿著、音樂和世界觀等。

只要天才一路發展，你的事業就會飆升，天才人物幾乎是你公司事業的全部。一九八五年，艾瑞斯塔唱片公司的創辦人、素有美國樂壇「傳奇音樂教父」之稱的克里夫·戴維斯，和一個名叫惠妮·休斯頓的女模特簽約。她的第一張唱片《惠妮·休斯頓》在花費了二百萬美元包裝費後，賣了二千萬美元，這使艾瑞斯塔公司雄風再起。一九八七年，她的第二張專輯《惠妮》一上市，就登上了美國「告示排行榜」（Billboard）專輯排行榜的冠軍寶座。一九九三年，她又以電影《終極保鏢》的主題曲〈我將永遠愛你〉而達到事業的巔峰。今天，惠妮已是美國流行歌壇的天后，先後獲得六項葛萊美獎。十多年來，她的個人專輯在全球總銷量已經高達一點四億張。在她二〇〇一年八月九日生日那天，艾瑞斯塔公司與她簽下了價值一億美元的合同，希望藉由她，能使公司有更大的發展。

文化天才不僅僅需要表演的天分，還需要經營的天分。這樣的天才不僅能發現文化需求和滿足這種需求的意味和樣式，還能得當地經營和運作，讓人們充分地感受到文化的意味。「世界拳壇第一經紀人」唐金就是這樣一個人才。唐金自認爲看人很準，他說：「我發現了一百座金礦，其中有九十九座都採出了黃金。」我們知道是他發現了泰森，並成功地輔佐泰森打出了一片天地。

二〇〇一年，唐金已六十九歲了。在他剛出道時，他說服阿里與福爾曼進行比賽，兩名參賽者各拿了五百萬美元出場費，而他在當時的手續費連五萬美金都不到。善於經營的唐金發展到今天，僅傭金就可以拿到一千萬美元。唐金的天才被拳手們普遍承認。英國前世界拳王路易斯最近有望與唐金簽訂四場拳賽合同，總金額高達七千五百萬英鎊。過去，路易斯旗幟鮮明地拒絕與唐金合作，因爲在他眼裡，唐金是吸血鬼。但是英雄氣短，路易斯說：「有時你不得不接受一個你不喜歡，但對你有好處的人。唐金是天生的拳賽推廣好手，他能讓我在退役前掙到大錢。」據統計，路易斯在十二年職業生涯中一共掙了八百萬英鎊，但如果與唐金合作，他只要打四場比賽就能掙到這麼多錢。

至此，唐金已成功控制了拉赫曼．魯伊茲和霍利菲爾德。如果再加上路易斯，整個重量級拳壇將是唐金的天下。獲得路易斯之後，我們可以大致猜測出唐金的運作：促成泰森挑戰路易斯，因爲這是全世界拳擊迷最想看到的拳擊比賽。就像路易斯所說的，「泰森這個名字已成了一種品牌，他的出現將激起公衆極大的興趣，財源也將隨之滾滾而來。」

文化的天才，不僅僅是一個人，也可能是一種樣式，一件藝術品或是創造這樣一種藝術品的能力，有時它還可能是一座建築物或是一種文化氣質。畢卡索、立體畫派的藝術品、古根漢博物館以及這裡的民風和氣質，使西班牙北部邊境城市巴斯克自治區成爲世界旅遊中心。畢卡索是西班牙巴斯克人，他創作的世界名畫《格爾尼卡》，畫的就是一九三七年四月二十六日德國空軍對格爾尼卡的轟炸。古根漢博物館也坐落在巴斯克地區的畢爾包中心，裡面陳列著先鋒派大師米羅・格里斯、畢卡索等人的作品。古樸民風與前衛藝術令人驚歎地融合在一起，這一切都是天才級的，遊客感到自己身處中世紀，但當他們看到愛德華・奇利達❷的「浪峰」雕塑在岩石上矗立時，又看到了未來……我們應該讓他們集聚起來。

我們應當注意俄羅斯人在芭蕾舞方面的天才，芭蕾舞《天鵝湖》上演了幾十年，這一劇目已經成了俄羅斯國家的象徵之一；還應當注意鐵達尼號這一意味深厚的文化資源；注意古巴的薩爾薩舞（融合了古巴、波多黎各、紐約拉丁酒館的爵士大樂隊曲風，以及哥倫比亞與拉丁美洲的舞蹈節奏——頌樂、曼波、恰恰、倫巴等元素，風靡全球）。在中國，我們應當關注這種休閒的文化氣質，因爲全世界到二〇一五年，將有一半的人，將一半的錢用在休閒上，而中國是最適宜的休閒勝地；我們還應該關注中國十大民間藝術家，他們是：廣東翡翠雕刻大師高兆華、貴州安順蠟染大師洪福遠、河北內畫大師張汝財、四川漆畫大師司徒華、天津面塑大師王鈞等。當然也還有揚州八怪的故事、滿漢全席的樣式和製作上海小籠包的點心大師……

❷出身於西班牙的著名雕塑家，在雕塑創作中開始大量使用鐵。西班牙人把他奉爲最偉大的雕塑家之一，尊稱他爲「鐵人」。

第五章　意味的繁殖與生產

心時代到來的標誌是心理和精神的需要成爲人們的第一需要。人們以經歷、體驗、覺悟和信仰的方式消費著文化產品。但這裡也存在著一種很大的誤解，即我們的心靈感受（消費）的是這種產品本身，而事實是，我們感受著種種文化產品和樣式中的一種或多種意味。在身經濟時代，消費者首先發問的是，「它們是什麼？」而在心經濟時代，人們首先要弄明白的是，「它們意味著什麼？」譬如伴隨著二〇〇〇年到來而出現的歷史和社會的種種意味，譬如中秋月夜親人團聚的圓滿和天倫之樂，這正是人們所需求的。二〇〇〇年和中秋夜如果沒有意味，便不會是文化產品，人們的心對它們也不會有感覺。意味是心經濟主要的產品，也只有意味才能讓心來感受。

人類已走向精神消費階段，人們至少要求娛樂自己的心情，豐富自己的情感生活，意味的需求於是大量地湧現；而人類文化的豐富，又要求我們必須去生產風格不同的意味；由於人類的情感和精神幾乎都是向上走的，我們生產的意味，必須更理想、更有意境。優秀的意味是那種可以充分滿足人們文化需要的意味。它不僅閒則至閒，險則至險，靜則至靜，鬧則紛繁，靜則幽極，而且恰如其分，服貼人心；既有極致的個性，又不會過度，從而給人們的心靈以種種快感。這就要求文化產品必須有意味，而且這些意味必須既有產量，更有質量。

意味種種

意味是文化產品的內容，是人們心理和精神消費的最主要的部分，對於意味的理解和通透是發展文化產業的基礎，意味使我們明白，我們在生產什麼，其質和量該達到什麼水準。

意味指的是意趣、情味。它是意識的一種，但傾向於趣味和意義。它來之於人的心理和精神對世界的主觀反映，它是感覺和思維的結果。對意味更具體的解釋，即一種文化對現實世界的主觀感受和解讀。譬如龍具有東方文化的意味，獨角獸意味著西方文化，而上海德村文化研究所將龍與獨角獸組合成標誌，即意味著這個所的工作主題是對東西方文化進行研究，是對世界文化進行研究。❶

意味的解讀需要體會。因爲它是人們內在的一種主觀感受，它不同於非常清晰的概念。意有意思、意想、意向，人或事物流露出的情態的解釋，如醉意、秋意等；味有情調、有趣、餘韻、特色的解釋，如風味、餘味無窮等。意味的組合，便是飄忽悠長。每一種文化對所見所聞都會有一種約定俗成的主觀定義，但每一個人對某種意味的解釋會略有不同，如果是不同的文化，則解釋可能大相徑庭。所以我們在這裡對所有意味的解讀，都是在一種特定的文化背景下作出的。萬寶路的牛仔形象在美國意味著男子漢，在中國意味著勞動階層，在法國則意味著缺乏優雅氣質。但即便在美國，牛仔是男子漢的形象也沒有得到所有人的認同，大約有百分之二十五的美國人沒有這種感覺。

❶本文作者曹世潮即爲德村文化研究所所長。

由於意味相對於理性這一概念更好地標示了人們的意念和感覺，所以我們取了這樣一個詞。其實，平時我們對意味的表述，有許多非常接近的詞，也可以被通用。「意思」是其中之一。「意思」在中國的百姓日常生活中被廣泛而普遍地使用，解讀也很輕鬆。意思有時是「語言文字的意義」，有時是「意見、願望」，有時是「心意」、「趨勢或苗頭」、「情趣或趣味」，其文化意味很濃。從普遍使用的「意思」中，可以提煉出很深刻的意味，從人們的價值觀（「做人沒什麼意思」）到禮尚往來（「小禮品，意思、意思」），都有所表達。

與意味相近的還有意趣、意象、意義、意境。意義更抽象些，一是指語言文字或其他樣式所表示的內容；二是指價值作用，如人生的意義，生活的意義等。意義缺乏一些可以感受的東西，但它更直接、更清晰，當意味不夠清楚時，我們會深入探尋它的意義，把最精要的部分提煉出來。意境則是通過形象（如景觀、場景、城市、人體或藝術品等）表現出來的境界和情調。意境較為具體，人們可以從中有所感受，可以身臨其境、心臨其境。意境在情與景、意與境上都達到交融、具體、鮮明、生動的效果，有更大的感染力。文化產品的完整表現以意境作評價更為全面。

人們的文化感受不僅是為了娛樂自己的心情，更多的是為了使自己的心理和精神獲得發展並維持健康而充分的狀態。物質產品經由它的功能而使人的生理得到滿足，文化產品則經由它的意味而使人的心理和精神得到滿足。意味圍繞著人心理和精神的快樂，健康和富足地滋長著、繁衍著、鋪展著、深刻著……當下，人們對以下數種意味的需求是明顯的。

其一是增加個人的歷史「長度」。人們願意讀歷史書籍，從中感受歷史的滄桑和深刻，或者去親臨歷史遺跡，無論它已成荒野還是只留下斷垣殘壁；人們願意收藏歷史，從信件、玉器到老油燈或筷子，當觸摸和感受歷史遺物時，其心境立刻會打開，歷史會延伸；人們還願意在歷史上留下自己的一些東西，使自己成爲歷史的一部分。日本人最近出版了一部空白書，書中沒有一字一詞，你可自由地寫自己、寫家庭，這本書到你手上時，已經出版了。這一部空白書銷路特別好，原因大概是人們想強烈地追求歷史的意味。人們總希望瞭解過去、持續歷史，總希望在自己短暫的生命中增加歷史的長度和分量，讓生活和生命更爲厚實。

其二是擴大個人的空間。這個世界實在太大，因爲大，又太豐富，所以許多人一生都無法走遍世界各地。但人們並不想棲居一方，人們想經歷這個世界，也有人想經歷太空，目的是打開視野，打開胸懷，擴充自己的氣度和豐富自己的經歷。因爲遊遍世界沒有可能，意味也不濃，於是有人去探險，爲的是到達人類未曾到達的地方。有人爲吃遍天下美味，開始一生的旅程（有一位美國人正在努力吃遍全美國的麥當勞，其意味固然不夠深刻和富有趣味，但意味畢竟有了）。更多的人是以一種心平氣和的心情在這個世界上周遊，他們一方面放眼世界，一方面休閒。

其三是娛樂心情、快樂人生。全人類一個共通的文化特質，就是對快樂的追求。雖然各文化對待快樂的追求程度不同，但快樂仍然是人們普遍的心理和精神需要。赤道兩側四千公里以內的國家對快樂的要求強烈一些，他們的笑容也多一些，燦爛一些。而在氣溫稍低的國度，笑容顯得不那麼開放。娛樂在全球有普遍的需要，人們的需求隨著溫度的下降而遞減。輕鬆快樂甚至有些瘋狂的音樂，幽默、相聲、雜技、廣場舞會，各種遊戲活動、民俗活動、節慶活動，總會有許多人投入，快樂是人類日常的精神食糧。在中國，人們甚至有苦中作樂、知足常樂、助人爲樂、自得其樂的種種觀念，快樂成了中國文化的基本意義。

其四是藝術化生活。藝術將成爲日常生活的一部分，一些發達國家藝術品需求旺盛。在中國，許多中國人都有讓自己或子女學習琴棋書畫的傾向，只要一有物質條件，他們就這樣做。中國曾經是一個藝術化生活的國度，西安、揚州、洛陽都有這樣的文化遺風。在墨西哥、埃及、印度和兩河流域，這種文化遺風也流韻依舊。今天，人們希望自己的生活充滿意韻，更爲經典。藝術化的生活是滿足這一意味的理想方法。人們可以藝術化地生活，享受生活的意味，彰顯自己的個性和品味，在藝術化的過程中演繹和表達自己的情感，在與志同道合者的藝術的交流中交流情感，獲得支持和肯定。

其五是爲了使自己「覺悟」。在經歷了二十世紀的物質生產和充裕的混亂與虛實之後，人們需要回到人的世界中去。人們要探尋自然的意義、社會的意義和人的意義。人們首先急於對自己有深刻的覺悟，把握心理和精神的價值，直奔人的本質，直入生存的本質。人們希望看透自己，看透這樣一種歷史和世界狀態下的自我，看透人之所以爲人、自然之所以爲自然、社會之所以爲社會的原因，並做最本質的事，做最有價值的事。人們都在學習，爲的是自己的覺悟，以及覺悟後應對自然、社會、他人的一種能力。大多數人都有信仰，他們在覺悟著。也有許多人在探尋、在思考、在研究，目的也是爲了覺悟。

其六是完整生活，獲得幸福。二十一世紀，由於人類生產能力的提高，物質充裕，人類初步踏入了可以獲得完整生活的可能。物質、心理和精神生活的理想被完整地提了出來。後現代化提出了一系列的心理和精神生活的需要，提出了健康比治病重要，快樂比壽命重要，品味比金錢重要，氣質比長相重要，精神比物質重要等一系列概念，以扭轉物質壓倒一切的片面的生活方式。人類應當生活在豐富的物質生活中，這是幸福的基礎，但人類還需要生活在豐富的心理和精神生活中。只有經歷豐富而有意味的情感和精神歷程，並且在觀念和道德上達到理想境界，這樣的人生才是圓滿的，這樣的人才是幸福的。如果我們富有得不必勞動，不必思考，失去了自然的、社會的、生活的、工作的、人生的種種經歷、體驗、覺悟和信仰，那我們就像植物一樣，失去了成爲人的意義，就不會有幸福感。我們的確需要感受意味，經歷並體驗它。

以上六種意味的需求，是非常寬大深厚的。其中任何一項細分下去，都有非常豐富的內容。當人們希望對自己「覺悟」時，第一個小問題就是「我是誰？」當他確立了自己的身分和個性以後，他需要很多樣式來支援自己的身分。他的衣食住行、工作、娛樂、孩子就學的學校，以及怎樣送孩子上學都需要將意味表現得一清二楚。一個在外資企業出任總經理的中國人，會將一些意味集中起來：智慧、高級、優雅、富裕、能力和富有修養。他的選擇標準，就是確立他個人身分和個性的這些意味。他會住在高級住宅區，家裡有兩件明清的瓷器，吃中西合璧的三餐，坐寶馬、賓士或林肯轎車，穿高級西服。他會讀美國的《商業週刊》，打高爾夫球，看芭蕾舞演出或明式傢俱展，送兒子去全日制高級學校讀書。與朋友聚會時，他不時會流露出幾個英語單詞，講講他在瑞士或墨西哥的經歷……我們發現意味，用一系列恰當的樣式將這些意味充分地表現出來，我們的內容就有了。但所有這一切的第一步，是我們瞭解並通透這種種意味。

引出意味

文化市場出售的就是意味。沒有意味，就沒有了產品，沒有了市場。經營文化產業要有一點意味，而且這意味應相當精準和清晰，同時又有普遍的自覺的認同，就容易成功。巴西人阿爾諾・博科歐爾，在聖保羅郊外經營著一家獨一無二的企業「玫瑰王國」，專做玫瑰生意，每年出售玫瑰四十萬株，並且還以兩位數的速度增長著。在花草中，文化意味經營的最爲經典的是玫瑰。玫瑰意味著愛情，其意義簡潔而統一，幾乎在絕大部分的文化族群裡都獲得認同。人們一旦示愛，授以玫瑰，其意味一目瞭然。好的意味一望便知，沒有異議。

許多意味就在我們所處的歷史、環境和日常生活之中，我們只需將這些意味連接起來，就可以了。埃及亞歷山大市準備重建二千年前的圖書館，以增加人們對埃及文明復甦和再現智慧之光的信心。亞歷山大曾經是帝國的文化中心和全世界智者們開會的地方。托勒密一世在西元前二二八年建造了一座圖書館，期望收集世界上的每一本書。當時的收藏總數估計有七十萬卷，吸引了像歐基里德和阿基米德這樣的大學者。前世界銀行副行長、新任亞歷山大圖書館館長的伊斯梅爾・薩拉傑丁在時間和空間上接續了古代文化，而且在藏書上尋找保存在其他圖書館、辦公室或私人住宅裡的一些非常有價值的文件和原稿。圖書館有一個圓形的頂部，十一層中有四層位於市區濱海區的地下，產生的效果就像地中海上正在升起一輪太陽。高於地面的七層覆蓋著花崗岩板，雕刻著字母、音符和數學符號。技術與符號的結合，古代和現代的交融，意在體現這裡是希臘文化主要匯集地和知識中心時的亞歷山大精神。

有些意味，蘊藏在人們的心中，被我們所忽略。如果你發現這樣的意味並找到它們，立刻就會有需求出現。一位名叫山田次郎的保險公司職員在與客戶的交談中發現，有不少人對自己的初戀難以忘懷，很想知道自己初戀情人的狀況。於是他在東京鬧市區開辦了世界上獨一無二的「初戀公司」，幫助人們尋找初戀的情人。公司一開張，客戶盈門。平時每天約有四十宗業務，但在情人節這天業務量明顯上升，一天內委託尋找初戀情人的，竟超過一百二十件。「初戀公司」的成功，首先是因爲日本人現正處於「飲食時代」，人們在享受豐富的物質生活之餘，偶爾也想重溫「羅曼蒂克」的舊夢；其次，戀愛與結婚在日本已經分開。戀愛充滿了浪漫的氣息，尤其是初戀，情感眞摯，令人難以忘懷；而結婚則較爲實際，門當戶對，缺乏性情。在調查獲知自己初戀情人的消息後，有人只是在情人節到來之時送一件小禮品；有人得知對方處境遠不如自己，則暗中助其一臂之力；也有人只是單純地想成爲普通的朋友，有些往來；只有極少數人想重溫舊夢，尋求精神寄託。

有許多物品具有很濃厚的意味，它是你歷史、生活、個性的一部分，你可以去收集，使其成爲你意味群落中的一部分。「美洲」這個字樣是從哪裡來的？「美國」這一名字發端於何處？美國人最近出資一千萬美金從德國買到了美洲的「出生證」。這是一張一五〇七年的世界地圖，由德意志地圖繪製家馬丁・瓦爾德塞彌勒繪製。它第一次證明了，這個大陸是義大利人阿美利加・韋斯普奇而不是哥倫布首先發現的，因此便用了這個義大利人的名字來命名，這就是「美洲」的來歷。這張地圖的擁有者是貴族出身的德國人約翰內斯。這張長期失蹤的地圖於一九〇一年在他的宅邸中被發現。美國國會圖書館同他進行了長期的談判，最終他答應以一千萬美金轉讓出去，德國政府還爲地圖的出境簽發了特殊的許可證。美國國會圖書館館長說：「在我們收集的所有的地圖中，這是最珍貴的一張。」當這張地圖作公開展出時，觀衆對美洲的歷史和形態有一種眞實的感受和莊嚴的心情，飄浮的「美洲」落定下來。

在人們的觀念中，有些地方是一生中必須去看一次的，當然這些地方也確實值得人們去經歷。美國《國家地理旅行家》雜誌就開列出了五十個一生中必須去看一次的地方，它使一些意味嫁接了進去。

我們還可以去發現一些意味，有些文化產品本身就很有個性，非常容易喚起人們的文化反應，我們只要將其打開，就會感受到它的氣質和風格。大堡礁位於澳大利亞昆士蘭州東海岸，由七百多個大小島嶼組成，綿延二千公里，一直向北伸展至巴布亞新磯內亞。其中，珊瑚島是著名的觀光景點之一。這是個無人小島，島上有椰子樹、灌木叢林和純白沙灘，還有衆多在島上生息的蝴蝶。島上最漂亮的是海域淺灘，海水清澈，銀光點點，海龜和海魚悠閒其間，陽光透過時，萬紫千紅，流光溢彩。這樣的景致自然動人，但是意味平平。自從美國《國家地理旅行家》雜誌稱大堡礁爲人類最後的伊甸園，並將其列爲全球五十個一生中必須去看一次的地方時，它的遊客就大大地增加了。不去大堡礁可能隱喻著人生經歷不夠豐富或者虛度。大堡礁經歷一萬五千年才慢慢長成，但最新資料卻表明，由於污染、破壞性捕魚和海水變暖，世界上四分之一的珊瑚礁將死亡，大堡礁也可能在三十到五十年內消失。當有人指出這一點時，人們更有了去大堡礁一遊的急迫感。終結總是將一些意味推到極致，因爲這將意味著大堡礁不僅是稀有的，而且將沒有了。

注入意味

毛澤東曾經說過這樣一句話：「不到長城非好漢」。這句話使中國長城成為一項偉大的文化產品，人人欲登上長城，以獲取好漢的意味。二〇〇一年六月七日，墨西哥總統和他的隨從到了北京的八達嶺長城。登上長城後，福克斯感慨地說：「好像登天一樣。」福克斯的女兒安娜說：「爸爸，你現在可以說你是好漢了。」福克斯是登覽中國長城的第三百六十五位外國元首。福克斯在知道了古巴領袖卡斯楚大約在六年前登上長城時，他對此又有一番感慨：「他那時大約六十歲，和我現在年齡差不多。」登長城因為有了「是好漢」的意味，多少人爭相攀登，登上者便有了些許感慨，他們之間也有了聯想。

我們在物質貧乏的時代裡生活得太久，很少有閒去關注物質產品的形式以及形式所包含的意味；我們因為生活的貧困所圍繞，也很少有精力去發現、「體悟」物品中的種種意味。自然，更缺乏一些有意識的意味，所以大多數物品、樣式、場景和狀態都缺少意味，對此，我們要注入一些意味。二〇〇一年六月二十三日，世界三大男高音帕華洛帝、多明哥、卡列拉斯在北京紫禁城舉辦了廣場音樂會。這場演出的引發是一九九八年，當時世界三大男高音在艾菲爾鐵塔舉辦了一次大型廣場音樂會，一家中國文化經紀公司希望「三高」演唱會於國際奧林匹克日在中國舉行（那一天意味豐厚），二十天後的七月十三日又是國際奧會投票決定哪個城市主辦二〇〇八年奧運會的日子，這場音樂會就成為中國北京申奧的壓軸戲。三位世界級藝術家湊在一起演出是一種瘋狂的狀態，其意味濃厚。經紀人特別申請把紫禁城作為演出場所，更顯出這場演唱會的獨特性和東西方文化的交融輝映。紫禁城所具有的意味，帕華洛帝和多明哥都深有感悟，並曾表示，如果有朝一日能在紫禁城演出，他們可以不收費。「三高」演唱會已經多次在世界各地舉行，但二〇〇一年六月二十三日在紫禁城演出，則別開生面，其意義不同凡響，這需要文化的眼光，去透視種種意味的需求，並組織起來。

一些毫不相干的東西，用比較的方法，可以轉入一些意味，用與其這樣不如那樣的思維方式，有時也會轉出一些意味，儘管這些意味可能不很突出，但它們疊加起來，意味還是相當繁多的。啤酒已經被人們注入了很多的意味，這些意味的個性，佔據了啤酒市場。朋友相聚，啤酒消費最多，價格實惠的啤酒在家裡喝，價格昂貴的啤酒則在宴請時喝……然而啤酒還有更豐富的意味可以轉入和轉出。一篇國外的短文，寫出了啤酒好於女人的多種意味，讀下去，對意味的感悟就寬闊多了：

1. 你可以一整晚都享受啤酒。
2. 你可以一瓶接著一瓶地享受啤酒。
3. 如果你再喝一瓶啤酒，沒有人會嫉妒。
4. 你可以在公開場合享受啤酒。
5. 啤酒不會在乎你何時才來，也不在乎你何時會走。
6. 如果你更換啤酒，你也不需要支付贍養費。
7. 啤酒的身材不會有什麼變化。
8. 與啤酒同住不需要有什麼證書。

9. 喝完啤酒，馬上睡覺，它也不會抱怨。
10. 你可把所有的啤酒擺在一起它們也不會打架。
11. 啤酒總會在商店裡很有耐心地等著你。
12. 啤酒從來不會遲到。
13. 你可以一個晚上喝好幾瓶啤酒也不會覺得對不起別人。
14. 啤酒很好儲藏。
15. 啤酒很容易帶來帶去。
16. 如果你換了啤酒，你根本不會緊張。

很少有人平時會覺著啤酒有那麼多意味，但是啤酒確實有豐富的意味可以讓我們想像，只要我們有需要，這些意味就可以注入，並匯集起來。

心時代的到來，使人們對意味有了一種廣泛而深刻的需求，經營物質產品的人看到了這樣一種趨勢，他們有意無意地在產品中注入了種種意味。芭比娃娃的出現，是在家庭縮小後，讓兒童學習做兄弟姐妹的一種方法。這個會哭、會笑、會生病，需要換尿褲的娃娃，使孩子學習到一種生活方式，但它更多的是讓人們追憶逝去的日子，追回遺失的世界。一些普通的植物，也正在被注入文化意味，它們很快就進入了千家萬戶，如「發財樹」、「開運竹」、「五子登科」、「滴水觀音」在中國、在美國、在各大洲的辦公室、居室裡到處可見。三十二歲的美國中學教師康內爾說，他的女友在洛杉磯的一家花店工作，最近送給他一盆「開運竹」，希望能給他帶來好運。他說：「我喜歡它代表的意思——和平、和諧、欣欣向榮，這些令我對前景保持積極樂觀的態度。」「開運竹」原產中國，生長在淺水中，是竹子的一個品種，人們一般用它作爲盆景美化家居庭院，相當平淡，但因爲注入了吉利的含義，市場需求大增。在美國，種植這種植物的花圃越來越多，許多花店也紛紛出售，據紐約市花商介紹，每盆「開運竹」的批發價在五至二十美元之間，零售價則可能多賺一倍。

只要不與文化和產品的個性發生衝突，許多毫不相干的意味還是應該加強並運用起來。注入更多這樣和那樣的意味，將會支援這一產品、個人或事業走向成功，被心經濟的市場規則所認同。一個典型的例子是俄羅斯網球明星庫妮可娃的成功歷程。庫妮可娃的個人生活實在豐富，她在全世界擁有數不清的傾慕者，她有許多緋聞讓庫迷們關心。她代言的泳裝、內衣、手錶的廣告滿天飛。如果她宣布結婚，有一大批庫迷會昏倒。迄今爲止，她沒有奪得過一項冠軍，卻躋身於世界上掙錢最多的女子運動員行列。二〇〇〇年，她的收入達到一千一百萬美金。俄羅斯媒體無奈地說，庫娃的收入只有一部分是在網球場上掙來的，她更多的精力花在提高自己的知名度和形象的魅力上。

許多人對庫娃的成功不以爲然。網球運動員阿格西的教練布拉德・吉伯特認爲，庫妮可娃不過是一個「即興的運動員」。法國網壇名將，曾位居女子網壇三甲的陶茲亞，寫了一本《女子網球的黑幕》，她批評女子網球越來越重視外表的浮華與市場吸引，而球場上的戰鬥力則退居其次。她在書中寫道：「美貌性感比球技更爲重要，而這種狀況一時還很難改變，例如庫妮可娃的比賽總是比達文波特更加叫座，唯一的理由便是她更加漂亮迷人。」但事實是，文化的需求靠球技是無法滿足的，人們除了喜歡運動，還喜歡美。庫妮可娃之所以叫座，是因爲她同時讓人們經歷和體驗了球技和她的天生麗質，以及她種種情感故事。人們從一場球賽中既看到了運動員，又看到了模特兒。人們在那裡有雙重感受。在心經濟中，每一種能夠激發人們的心理和精神感受的東西，都是有價值的，庫妮可娃只是將它們全部兌現了，而許多人則會將它們浪費了。

讓意味成爲個性

意味可能是文化產品中最小的內容，顯然，它比較單薄；意味還因爲是一種感覺及其過程，所以顯得飄忽不定，存在的時間相對比較短。因此，如果我們要使一種產品保持它的生命力，就必須不停地宣示它的意味，保存它的樣式，並爲人們廣泛認同。這是一些剛剛顯露的意味必須去做的。爲了使一種意味生長並持久，我們還必須使之個性化。

沐浴是一件再普通不過的事了，無論是何種文化族群，沐浴都是人們生活中的重要環節。許多文化也對沐浴賦予了不同的含義。很多人都聽說過埃及女王克麗佩多拉❷沐浴的故事，也讀過「紅衣主教」黎塞留用牛奶洗澡的故事，尤其在西方，人們大都知道幾個關於沐浴的掌故。西班牙拉拉古納大學人類學教授、溫泉學大會組織者德貝拉斯科說：「在很多宗教儀式中，沐浴起到了淨化身心的作用，如猶太新娘在婚前沐浴就是這樣。在這些儀式中，沐浴就是

❷ Cleopatra，即史上著名的埃及豔后。

用水洗淨污垢。沐浴，特別是溫泉浴，還有治病的作用。如果患者認爲水神已爲自己治好病，他將向水神還願，這個習俗一直保存至今。」沐浴有一種使人換了一個身體的感覺。法國哲學家加斯東・巴舍拉爾把這種感覺稱之爲恢復活力的夢境。

今天，在義大利中部，人們把早晨的雨水收集起來，將香花放在雨水裡浸泡一夜，第二天用這種浸泡過香花的雨水洗手擦眼，連洗兩天，據說這樣可以健身治病。

在日本，有公共浴室、家庭浴室和溫泉三種沐浴方式。日本人是水和沐浴的崇拜者，他們的沐浴有著這個國家傳統文化中的三個要素：自然、純潔和克己。水在日本人眼裡是日常生活中的一個神奇的要素，他們每天都要在浴池裡泡上幾個小時。芬蘭有一個諺語：造一所新房子，不如蓋一個澡堂子。在芬蘭，每三點五人就有一個桑拿浴室。桑拿浴室是全家人都得以放鬆的地方。人們身在其中，可以沈思，可以保持身體內外的平靜，可以身心合一。

古羅馬的公共浴、穆斯林的聖諾、日本的山泉浴、芬蘭的桑拿浴都有種種意味，但是因爲這些意味沒有個性化，而且沒有清晰、具體、深入、系統地顯示出來，因而始終沒有形成一種產業。

土耳其的桑拿浴因爲其意味形成了一種個性而流行起來。這種意味聚集並固定下來，使桑拿浴在世界各地流行起來，尤其是在東亞和中亞。這種意味的普及走的是一條世俗化的道路。世俗化是指當一個被崇拜的物品或標誌失去它的特殊地位或者被大批複製時，最後它就成爲世俗品了。例如，華盛頓紀念碑、艾菲爾鐵塔、蒙娜麗莎的畫像等大量被複製爲紀念品，就是一例。在土耳其，人們沐浴往往會帶上瓜子等休閒食品，沐浴完了以後，會在那裡待上幾個小時，或是休息，或是聊天，或是玩棋牌遊戲。至閒的意味在土耳其沐浴中很鮮明地體現了出來，並成爲其個性的主幹。土耳其浴這種個性同有閒階層的增加和休閒的需求不謀而合，很快氾濫了起來。世俗化的複製使其發展成爲一個產業。

使意味成爲一種個性還可以走一條神聖化的道路。當普通的物品、事件，甚至人對於某一文化氛圍或某一文化氛圍中的一個特殊團體來說具有了神聖意義時，神聖化就產生了。像世界盃足球賽這樣的事件和艾維斯．普里斯萊這樣的人物就會被神聖化了。神聖化使一些散亂的意味集中起來，清晰起來，這樣可以得到人們更大程度的認同。前文所說的二〇〇一年印度的大壺節，有七千多萬人下恆河去沐浴，就是因爲其意味相當的清晰、完整而獨立，它走的是神聖化的道路，從而加速和加強了人們對這一樣式的認同，使這種感受的需要——聖浴——成爲一種普遍的自覺。

順便要指出的是，神聖化是注入意味的一種很有效的方式。神聖化可以「渲染」，它通常在日常的儀式上得到實現，並在實物上被具體化。實物關聯是一種方法。一個物品一旦與某種神聖的事或某個神聖的人沾上邊，它就具有了特殊的意義。人們收集名人簽名、稀有圖書或某種紀念品，是因爲他們感到了其中「神聖」的意味。神聖化事件或名人出生的地方，以及名人到過、住過、用過、摸過、關心過的東西，就會植入神聖的意味，我們從那些狂熱的收集者那裡可以看到他們的滿足感。

讓意味成爲一種個性，更多的是文化產品的製作者深刻表現和不斷努力的結果。文化大師們不斷地搜集、吐納和表現各種意味，逐步摸索出一種個性，並日漸強化這種個性，直至被一種或數種文化認同為止。時裝大師聖羅蘭❸承認，他花了十年時間才找到，並確定了屬於自己的風格。

范倫鐵諾・加拉瓦尼❹堅持自己的個性化設計。在他事業發展的那個時代，龐克時裝、石油危機、中東戰爭等事件對他毫無影響。他簡直兩耳不聞窗外事，始終在昂貴的衣料堆裡工作著。他的風格一如既往：昂貴、講究、款式新穎。他用開司米、細花邊、天鵝絨、絲綢來做時裝，這些料子柔軟而昂貴，他卻認為越貴越好。他的鮮明的設計風格，被世界各地相當有地位和身分的人認同，因為他們的文化需要這樣的意味和個性。美國前總統甘迺迪的遺孀賈桂琳是他忠實的老主顧，她瘋狂地購買范倫鐵諾的時裝，連價格也不問。皇后、公主、影星也是他的常客。范倫鐵諾每年的營業額是五億馬克。

義大利時裝設計師喬・亞曼尼是另一種設計風格，它優雅、自然、舒適。亞曼尼在每一個細節、符號和樣式上都小心呵護他的風格，將豐富的意味組合起來，使之得到發展。亞曼尼在將優雅、自然、舒適三種意味揉和起來時，他的時裝看起來就智慧而不輕佻，優雅而不炫耀，有風格而不過於雕琢。他的女裝尤富有女性感，可又絕沒有那種赤裸裸的情感。亞曼尼使他設計的服裝優雅而不損害自然和舒適。人們穿上其盛裝，看上去卻十分鬆散隨便。他使男人穿的上衣就像剛從旅行箱裡拿出來似的，使婦女穿的服裝既像是向男人借來的，又像是量身訂做的。特別是他設計的裙子和襯衫，乍看上去好像是胡亂從櫃子裡拉出來的，但是女性一經配套

❸聖羅蘭（Yves Saint Laurent）即時尚服裝品牌聖羅蘭（YSL）的創始者。
❹時尚精品Valentino的設計者。

穿上，立刻顯出一種特有的魅力。在優雅和自然中，又接入了舒適。穿亞曼尼女裝，不論挺身直立，還是雙手插袋，衣服總是非常服貼，袖籠舒適，腰圍恰到好處，裙襯寬大，穿在身上相當自在。「自然貼身」是亞曼尼時裝的一個境界。優雅、自然、舒適的風格，使亞曼尼贏得了與范倫鐵諾不同的文化市場。在銀幕上下穿著亞曼尼服裝的明星，其名單足以構成一部好萊塢名人錄。

使意味深長

心經濟必須大量地生產意味，才能滿足人們的心理和精神渴望。每一種新的意味的出現，都會使人們得到新的樂趣。但是要大量地生產新、奇、古、怪的意味，畢竟很難。我們可以使意味深長起來，使一種意味連續、深刻、複雜和鋪展，讓人們反覆感受、漸悟、頓悟，生出新的意味，這是意味生長的一條重要途徑。

意味的延續、深刻、複雜和鋪張，還可以在深度和寬度上打開人們的感受，讓人們「體悟」出世界的豐富和奧妙，獲得更深入的快感。文化市場的發展趨勢也要求人們在這一方面做出更多的努力。出版業現在的狀況是書越出越少，意味要求越來越高，而作者每本書的收入也從十萬美金，上升到百萬、千萬到數千萬美金。人們需要意味深長的文化產品。對淺薄的文化產品，人們已不屑一顧。

許多經典的形式仍然在今天流行，是因爲它的意味被連續了起來。一種形式成百上千年地存在，如果是一種意味不免單調，並被人們所厭棄；但如果人們將一系列文化的意味在一種形式上連續起來，就不僅使這一形式有了繼續下去的理由，而且連續的意味，積累出相當的厚度，使人有一種深厚的卻難以言表的喜歡。對於比較單純的消費者來說，一種被歷史種種意味連續下來的形式，他（她）覺得有什麼意味，就有什麼意味，從而會使這樣一種樣式擁有廣泛的愛好者。

黑色幾乎可以用來描寫女性的流行歷史。黑色就像一個有型有款的千面女郎，從一件小黑洋裝到透明或不透明的黑色絲襪或褲襪，顯得高貴而典雅，裝扮了一代又一代的女人。在近一百年的歷史中，黑色還是一種炫耀的顏色，時髦、智慧、信仰或摩登一系列意味都有。二〇〇一年秋冬，由於日本經濟持續衰退，美國遭受「九一一」襲擊，黑色風靡日本，以示人們心情黯淡，神情沮喪。我們簡略地看一下過去的八十年裡，黑色作爲時尙是怎樣使意味連續的。

二十世紀二〇年代，由於烏托邦及古典的復興，黑色是摩登時代的象徵，吸引了立體派藝術家與前衛擁護者。黑色象徵女性的解放，就像那些穿著小黑洋裝的短髮女孩，喝著酒抽著煙。從巴黎到柏林，在世界性時髦城市與藝術家聚集的地方，都可看到時尙的黑。黑色意味著一種進步。三〇年代黑色再次回潮。一九二九年華爾街「黑色星期四」，股票市場崩盤，引發了世界性經濟危機。此後，黑色從緞面的光彩回歸到質樸無華。尤其是在美國好萊塢，黑色似有一股魔力在晚會上大放光芒。衆多明星的推波助瀾使得黑色爲更多人所尊崇。黑色還成爲時尙的風向球。四〇年代，黑色和當時的文化幾乎非常和諧。那時充斥著炸彈、飢餓、退縮、暴力。人們的衣服是用舊窗簾製作的，鞋子的木頭跟是用柏油黏上的。黑色依然烘托出女人的小腰和胸部，內斂中夾著奢華香水的味道。黑色的包容性在當時被拓寬了。黑色既反映出那個時代的混亂、迷惘，又顯示出執著的力量。五〇年代，黑色依然是時尚，但更多地意味著妖豔。黑色把那些上流社會的女人打扮得那麼優雅，近乎蠱惑。黑睫毛、黑眼線，展現了深意的黑、豔俗的黑，使那種美麗深入爲妖冶。六〇年代，黑色小洋裝又成爲中產階級的制服。七〇年代，黑色成了女性性感的象徵，因爲它讓女人的曲線突顯。八〇年代，黑色具有了東方的禪意。柔軟的黑，不限年齡，不分性別地不斷流行，讓精神回歸到最純淨、最原始的地方，有形有格，能屈能伸，自然灑脫。九〇年代，黑色擁有了純淨而豐富的意味。多層次的黑相互重疊，灰與黑的完美調和，傲視街頭。今天，黑色仍然在繼續，它是新世紀的第一位客人。

連續的意味既生出了新意，又使意味長期積澱。在人們的眼裡，黑色是如此豐富而厚實。人們怎樣看黑色，黑色就有怎樣的意味。黑色不僅始終走在時尚的前列，不時有新的意味出現，而且被人們廣泛地接受、認同。衣櫃裡一件黑色衣服也沒有的女性，恐怕非常稀少。黑色已經成爲那種意味連續而豐富的文化樣式了。

意味深長的第二條途徑是直入文化，直入根本。我們可以對人類文化中人生、價值、世界、藝術、情感、生活的觀念進行分析，將基本的或根本的觀念列出來，用種種意味去演繹這些主題。任何一項文化產品（物），只要走進文化的精神世界，走進人生的理念、愛情或道德，其意味也愈深長，其影響不僅廣泛，而且久遠。

奧林匹克運動會之所以如此成功，其根本原因是歷任奧運會主席都非常努力地使奧運精神持續與深入。古代奧林匹克運動會，從西元前七七六年誕生，前後跨越二七七六年。世界屢毀屢生，但它古樸的思想——對宙斯的敬畏、對英雄的仰慕、對力量的讚美、對和平的嚮往——

卻跨越時空、跨越民族和文化，作爲一種精神一代代流傳至今。

奧林匹克精神一直在深入著。現代奧林匹克之父顧拜旦[5]提出了「重在參與」的思想；他的密友、巴黎阿奎埃爾修道院院長迪東（H・Didon）則提出了後來成爲奧林匹克格言的「更快、更高、更強」的理念；而二〇〇一年剛卸任的薩瑪蘭奇主席進一步深入進去，將奧林匹克精神描述成一種「超越競技而將身體活動、藝術和精神融爲一體」的境界。薩瑪蘭奇主席更多的是實踐和注入了奧運會的精神。他在任期間的每一屆奧運會都有豐富的意味。尤其是他支持在韓國和中國舉辦奧運會，使奧運精神達到了一種新的境界。今天，沒有人懷疑奧林匹克是否會繼續下去，因爲人類對它有一種精神的需求。對這個星球上的大部分人來說，奧林匹克運動會，其意味是深長的。

如果我們在過去的那個千年裡，尋找一個其文化作品百世流芳的名字，恐怕非莎士比亞莫屬。威廉・莎士比亞寫了一些死去的國王、狂熱的情侶和貪婪的放債人，這些故事和人物雖然非常普通，但莎士比亞寫出了具有普遍意義的主題。從簡單的嫉妒，到激情壓倒理智和行事猶豫帶來的危險，一切都在《奧德賽》和《哈姆雷特》這樣的作品中以戲劇化的形式表現了出來。這些主題，直至今天仍與我們息息相關；這些人物的複雜性，也讓人們得到重新闡釋的餘地。創作一部魅力十足、主題永恆的作品，就足以讓莎士比亞在世界文化史上保有一席之地，更何況他的創作有三十八部（對這一數字一直存有爭論）之多。而且其作品風格的多樣性，又

[5]顧拜旦（Lebaron Pierre De Coubertin），法國貴族，一八九四年六月二十三日創立國際奧林匹克委員會。

擴張了種種意味：從輕鬆的喜劇、啓迪後人的歷史劇直到令人寒徹骨髓的悲劇。如今，世界各地的觀衆仍然爲了觀賞這些作品湧入劇場，即便是在他去世四百年後，他的作品依然吸引著無數的觀衆。由於莎士比亞切入的是有關人類的一些根本性主題，表現的是一種深刻的意味，文化一定會對此有所反應，人們也會繼續從莎士比亞的作品中找到感覺。

自一八九九年莎士比亞的作品第一次被改編成電影以來，共有三百多部電影改編自他的劇作。《西城故事》是《羅密歐與茱麗葉》的美國翻版；音樂劇《吻我吧，凱特》由《馴悍記》改編；科幻片《禁星》（Forbidden Planet）的情節取自《暴風雨》；黑澤明一九八五年拍攝的巨片《亂》，則把《李爾王》的故事搬到了中世紀的日本。原因是這些基本的意味仍然是人們所關心的，其恰當的表現方式又有力地展現了這些意味，人類的文化沒有走出這個領地，文化產品也就在這個領地裡翻版。深刻使意味流傳不輟。

複雜的意味組織是使意味深長的第三條途徑。對立的、和諧的，分別的、一致的，特異的、普遍的種種意味交織一處，時間、空間交錯散布，會使人們的「體悟」錯綜複雜、跌宕起伏、百感交集、意味悠長。如果複雜的意味被合理地編排，脈絡清晰，層次豐富，讓人們立體感受，則意味更爲濃厚。台灣作家瓊瑤的言情小說就是採用這種手法，使意味細膩濃郁，顛來倒去，在情感上翻騰變化，讓讀者心情複雜，感慨頗多。二〇〇一年九月，中央電視台播出了《情深深，雨濛濛》，劇中三對戀人，角色多變，磨難迭出，讓觀衆置身於雖在情理之中，心卻苦不堪言的境地。倘若演員的「體悟」和演技再好一些，那麼這部片子因其情感的複雜而會更好看。當然瓊瑤的小說太中國化，讀者就少了許多，情感又太過敏感和脆弱，因此文化影響力相對就小了些。

將文化意味組織得繁複而不雜亂，個性極致而又渾然一體的大師，當推服裝設計大師范思哲。范思哲將複雜的意味組織得如此完美，是一種創造，是一種新的極致，是一個複雜的新的境界。范思哲形容自己是「一半皇家，一半搖滾」。依我看來，范思哲就是范思哲。他組織以「皇家」、「搖滾」兩種風格為主的複雜意味，已自成一體，獨樹旗幟。范思哲強調快樂與性感，擷取古代貴族風格的豪華、奢麗，揉進了流行時尚的直露和大膽、激情與熱烈，創造出閃爍於粗俗與奔放、高雅與華麗之間的無限魅力。他所創造的女性形象性感、充滿誘惑，毫無顧忌地穿著極短的超短裙，但其中又不可思議地流露出宮廷般的典雅。諸多意味矛盾、對立卻又和諧共存，內在充滿張力，衝擊著人們的視覺，讓人們心旌搖盪，激情飛揚。范思哲以複雜、對立、極致的手法組織的多種意味，深入地撞開了人們的心靈空間，於是，激動在深刻的地方發生。

鋪展是使意味深長的第四種途徑。一些類似的意味在時間和空間上鋪展開去，意味綿延。讓人們反覆經歷、體驗和連續感受，使人覺悟，進入一個新的境界，是鋪展的目的所在。鋪展這一手法在文化作品中用得很多。小說《西遊記》就是在人們讀過了九九八十一難的故事後，對唐僧師徒四人和白龍馬去西天取經的信念和精神有了瞭解。鋪展較為經典的是中國寺廟。宋代以後，中國寺廟的格局形成定制。由南往北主要建築依次為三門、天王殿、大雄寶殿、法堂、藏經閣等。遊人和香客也依次經歷，感受佛教。先進三門，象徵空門、天相門、天作門，稱「三解脫門」；進入天王殿，正中供奉的，是大肚笑臉的彌勒佛。祂是未來佛，坐排於前，以示接引衆生。彌勒佛兩側爲「四大金剛」，分別護持東、南、西、北四方，各司「風」、「調」、「雨」、「順」；再進大雄寶殿，中間供奉釋迦牟尼佛，左側爲藥師佛，右側爲阿彌陀佛，表示三尊佛分別掌管人生的過去、現在、未來。其中，金剛面向凡間，意在防止俗世侵擾；韋馱面向神界，意在彈壓天界的紛亂。寺廟之中有無窮之意味，將每一意味連綴組合，即構成了一個完整的佛國世界。人們從寺廟結構的鋪展中，感受層層意味，進而逐步深入，形成信仰。

鋪展最爲關鍵的是要把握好文化秩序。對於一個浩大的鋪展，尤爲如此。例如，中國文化上下五千年的歷史，洋洋灑灑展開在九百六十萬平方公里的土地上。這是中國文化展開的狀況，但是其文化次序和意味間的邏輯關係仍不明朗，遊客和旅行社至今對中國文化的旅遊線路無所適從。我們應該有一個簡潔的中國文化綱要，用它來整理中國文化發展的脈絡，理順中國文化的種種關係，給出清晰的文化層次，整理出中國浩瀚的歷史文化圖卷，讓人們去遊歷和體悟。不然，人們在遊歷了這個國家之後，仍然一頭霧水，不明就裡，依然會認爲中國是一個神秘的國家。我們自然希望中國意味深長的文化，能夠讓人們體驗，但好的鋪展，是一個很重要的前提。

如同人的身體和思想，意味是文化產品的生命和靈魂。沒有意味的文化產品就沒有生命的意義，就沒有文化的價值，其生長的可能性也就消失。意味的質量，就是文化產品的質量。意味博大精深，則這一文化產品的市場也博大精深。使意味生長出來，構成形態，是從事文化產業者最根本的任務。

第六章　心經濟的市場特性

我們在物質產品市場中待得太久了，以致於積澱了非常深刻和完整的物質市場的觀念、方式和市場規則，這些規則又被經濟學、市場學理論化了，成爲我們文化的一部分，尤其是在西方，物質的市場觀念和規則已經成爲那裡的文化主流。但物質產品市場的觀念和規則遮蔽了我們的眼睛，使我們對文化市場的特性視而不見。許多文化經營公司，正是用物質市場觀念和規則去經營文化產業，結果連連失敗。

心時代誕生的心經濟，誕生的文化產業，使我們看上去很不習慣，很陌生。又由於文化市場與物質市場的特性有相當大的差別，而且有些特性恰恰是對立的，更使我們長期以來形成的觀念、思維方式和經營戰略受到衝擊和挑戰。但在一個心時代、心經濟的背景下，看文化市場的特性，它確實又是全新的。對此，我們應調整姿態，深入體悟，虛心學習，努力去把握心經濟和文化市場的規律，使心時代得到發展、健康和圓滿。

一個向內的心理和精神消費與一個向外的生理和身體的消費，是相當不同的。一些科學的、理性的、客觀的、普遍的、規則的、標準的、恆定的、線性的、相對的市場觀念將被動搖、被否定，而玄學的、感覺的、主觀的、個性的、晃動的、循環的、反覆的、變化的、絕對的觀念將滋生出來，並成爲文化市場的特性。許多新的規則和規律會誕生，並被人們認同。前面我們已經談到，內容比形式重要，意味比內容重要，而「感知」又比意味更重要。自然、歷史和文明（含文化）成爲三大資源。消費的方式也從消費轉變爲「消受」，並細化爲經歷、體驗、「覺悟」和信仰。這些變化的方向與現存的文化觀念基本相反，甚至是革命性的、根本性的，是一種內外置換、陰陽輪轉。所以，我們將看到一個全然不同於今天所見到的市場——文化的市場。

不可把握的文化市場

文化產品表現的是人們一系列的觀念、思想、意味、方式，創制者無法直接去表現意味、觀念等人們內在的東西，意味等都隱含在文化的符號、樣式、場景和狀態之中。創制人必須先去感覺它、捕捉它、深刻它、把握它，然後才精準、清晰、深刻、生動、形象、系統地反映它、表現它。消費（感受）者，則須從符號、樣式中去解讀它、感覺它、覺悟它，最終才能對文化產品做出心中的回應。這是一種文化的交流，是一種心靈的感應。一系列意味存在著，非常強烈地存在著，我們都感覺到了，但是我們看不見、摸不著，把握不住它；它飄忽不定，忽隱忽現，就像流行的時尚，來無影，去無蹤。有時它是如此的猛烈，爆發的文化激情可以摧毀一些東西；有時它又是如此的平和，沈寂許多，人們甚至都把它忘了，淡得如同空氣，但它存在著。

文化市場不可把握，還由於文化市場的交換雖然表現爲外在的市場形式，而眞正的交換是在文化產品的創制者和消費（感受）者的內心進行。意味的變化始終存在，整個進程多次轉換，意味轉換成樣式，樣式表達著意味。其中，人們對意味的解讀、覺著、變化的可能始終存在，就如空氣流動的變化，可以是清新的，也可以是渾濁的，可以是和風，也可以是颶風。有人喜歡和風細雨，有人則呼喚暴風雨再猛烈些。而且，同一意味或觀念在不同的文化狀態下變幻莫測，創制者各有洞見，「消受者」也智者見智，仁者見仁。

文化市場的不可把握還在於我們缺乏一套工具和體系。對於這樣一個獨特的市場，一個與物質商品市場全然不同的市場，我們常常用幾百年、幾千年來已經習慣了的身經濟的觀念、方法、模式和系統去觀察它、分析它、研究它，結果自然是進不了門，走不通路，就像西方人不能瞭解中華民族之經絡、氣功體系一樣。退一步說，即使我們有了一套工具和體系，有了完整的理論可以運用，但是對文化的把握，對文化市場的把握，也很難確切、紮實、深入。因爲對文化和文化市場的把握，需要敏銳的心和犀利的眼光，需要「覺悟」，需要天賦，而不僅僅是有了工具、知識和智商就可以的。而這樣的人才，目前還很稀有。

有兩位經濟學家證明，「熱點」——至少演藝界——是不可把握的。他們畫出了從一九八五年五月至一九八六年一月間首輪放映的影片銷售圖形，結果發現，預測一部影片票房收入唯一可靠的參數是前一個星期的運作情況，其他的都沒有意義；流派、演員和預算都不能預測。上週銷售額高，這一週也可能高，這是人們之間口口相傳的一種「回報遞增循環」，用我的語言說，這是一種普遍的認同。但是在電影——一種樣式中所表達的一系列意味——沒有被人們感受時，一切都是個未知數。有經濟學家曾說過，對票房收入有影響的唯一變數是上週的結果。這一事實說明，電影工業是一個在秩序和混亂中取得平衡的複雜的適應系統，其他文化行業也是如此。

美國迪士尼近兩年來經營業績不夠理想，二〇〇一年上演的兩部新片，更遭到了空前的失敗。作爲暑期大片上映的《珍珠港》，直接製作成本高達一億四千萬美元，後期的市場推廣和宣傳費用也超過了一億美元。結果，此片票房慘澹，成爲迪士尼最大的敗筆。另一部迪士尼醞釀近四年、斥資一億三千萬美元的新動畫片《亞特蘭提斯：失落的帝國》最終也無人喝采。迪士尼曾經有過《美人魚》、《美女與野獸》、《阿拉丁》和《獅子王》等動畫片的連續成功，可以說，它是有眼光，有經驗，有市場認同的，但就是如此資深和龐大的娛樂帝國都難以把握文化市場，足以說明文化市場前途莫測、充滿風險。今天，如果我們對一些功能性產品的成功有百分之百的把握，對高科技產品的研究、開發有百分之二十的把握的話，那麼，對文化產品的成功，大概只有百分之十的把握。文化產品和公司一些成敗得失的案例給人們的印象是文化市場不可把握，事實也證明了這一市場的把握有相當大難度。一件文化產品的誕生，每一個節點都可能出現失誤，而且對每一個失誤，也可能說不清、道不明。以一部電影爲例，編劇的個性、表達能力和專業水準會影響一系列意味，導演、攝影師、化妝師等也將使風格發生變化，還有演員的表演，以及觀衆的文化與個性及其解讀的習慣和能力，都會對一部影片產生極大的影響。二〇〇〇年，美國電影市場動作片、戰爭片、恐怖片重新抬頭形成潮流，但二〇〇一年美國發生「九一一」事件後，人們對此類影片出現了抵制心態，市場立刻轉向，許多影片被禁演。幾乎所有的文化產業公司都殫精竭慮、全心以赴，以使每一產品獲得成功，結果卻往往不盡如人意，人們對此也無可奈何。

至今，文化市場仍然處於一種難以把握的狀態，隨著心經濟的深入，人們對文化市場的研究不斷加強，其規律性的原理將一一得到揭示，我們有可能對這一市場有更多的把握。電影界一些天才人物如美國的史帝芬·史匹伯、中國的邵逸夫等對文化市場的眞切感覺和確切把握，已經使我們看到了一線希望。

感覺需要就是賣點

心經濟經營的是文化意味，只要人們對包含著意味的樣式有感覺，能夠被心理和精神感受，就可以成爲商品，就有人爲此付錢。它可以有一種物質載體，也可以沒有；它可能消費的是產品的結果，也可能是它的過程；它也許會賺錢，也許會賠錢；它或者讓人快樂，或者讓人痛心，總之，人們對它有感覺，就有了賣點，就可以構成市場。許多人買了一輩子的彩券，從未中過獎，但他從不懊悔，原因是買彩券給了他希望，給了他一種期盼，給了他心情的跌宕起伏，也給了他與相關賽事的聯繫和由此生出的種種故事。

「眞實」這個意味現在很受人們的歡迎，可能是觀衆厭煩了虛情假意的電視劇和演員無病呻吟的拙劣表演。觀衆希望看到生活的眞實，人與人之間的眞情流露。有一檔名叫《大哥》（Big Brother）的電視節目正在世界各地走紅。它一九九九年十二月起源於荷蘭，由思德莫爾娛樂公司製作。公司推出這一節目的初衷是爲了打破當時娛樂界萎靡不振的狀況，沒料到一炮打響，不但把荷蘭的娛樂節目推上歷史高峰，甚至在許多國家被仿效。德國、西班牙、美國、

英國、瑞士相繼推出類似的節目。❶

參加這一節目的十二名演員，是電視台從幾萬名志願者中選出的，他們被安排在一間大房子裡過著單調的集體生活，不能隨便走出房門，不能跟外界接觸，沒有電話，沒有電視，沒有收音機，也沒有報刊和紙筆，每人只能帶進兩本書。他們的活動和對話被房子裡安放的二十七部攝影機和六十八個答錄機，全天候的記錄下來，然後作電視實況轉播，他們就這樣將在房子裡待上一百零六天。在這一階段，不斷有人被觀衆和當事人趕走，最後的勝者將可以得到數量可觀的獎金（從十多萬至上百萬美金不等）。

這檔看似無聊的節目，製作人卻認爲它可以表現出演員的眞性情，還可以重塑人間眞情。隨著市場經濟的深入和現代生活節奏的加快，人們的追求強烈地傾向於物質享受，疏忽了人與人之間的交流，疏淡了情感，個人和自私的意識上升。在這樣一種社會文化背景下，讓十二個素不相識的人生活在一起，會生出許多故事來。人們如何和諧相處、互敬互愛？十二個人幾乎天天面對一個房間，人與人的距離是如此之近，編導又製造了許多麻煩：每人每天只有一美金，要合夥吃飯才能度日；熱水供應每天只有一小時，只有互相謙讓才能洗上澡；爐中燃著一

❶此即所謂的reality show，這種節目模式源自國外，在歐美各國當紅的《Big Brother》（應是取自著名小說歐威爾《一九八四》的「老大哥」概念——指無所不在的監看者）、與美國的《Survivor》（台灣譯爲《我要活下去》）等，都是這一類型的節目。一九七三年美國公共電視播出《An American Family》，將主角家居情況眞實地播出，算是reality show的第一例，而一九九二年美國MTV頻道所推出的《The Real World》，眞實紀錄七名男女的互動過程，從此reality show成爲常見的節目類型。台灣曾在年代電視台製播《e起去同居》的reality show，但收視未盡理想。

堆火，必須持續燃燒二十四小時才算完成任務。隨著時間的推移，在共同的生活和勞動中，人的情緒會出現一些變化，但本性難以遮掩，高尚或卑下、優雅或粗俗會不時流露出來。只有品格眞正高尚的人才能最後被留下來。在這檔節目中，觀衆看到了十二位房客的眞切的個性和品德，看到了生活的眞實，也看到了這個社會的風貌，同時，人們也從中看到了自己的影子，並對此進行反省。

「變化」本身就可以成爲許多文化產品。許多變化既不能給人溫飽，也不能給人漂亮，僅僅是爲了變化而變化，爲了使自己與過去，與自身不同而變化。人類玩自己的那幾綹頭髮，形成了很大的產業。長髮的女人理短髮，短髮的男人留長髮；灰白髮的老人染成黑髮，黑髮的年輕人染成灰白髮；捲髮的黑人燙成直髮，直髮的亞洲人燙成捲髮。一成不變的日本，在這五年裡發生了翻天覆地的變化，最大的變化之一就是染髮。五年前，時尚而前衛的日本人開始染髮。二〇〇〇年，日本染髮劑銷售量爲三千萬公斤，每一位年齡超過十五歲的日本女性，平均每年使用的染髮劑重量爲五百克之多。一向保守的日本人也需要變化。有許多專家認爲，染髮不僅是一種時尚，還是人們樹立信心的一種方式。也有專家認爲，染髮不僅能夠改變人的思維方式，它更多的是一種對變化的渴望，如果沒有對「變化」本身的需求，沒有改變形象的需求，染髮就不可能流行。

「自己動手」這一意味已經在歐洲盛行，並在全球展開。自己動手省不了幾個錢，還可能出一身汗，但是現在人們已經把家庭勞動看做是一種樂趣。在歐洲，人們把勞動作爲一種娛樂有很長的一段歷史。德國人度週末的方式，多選擇剪草坪、修汽車、翻瓦片、做傢俱。前南斯拉夫總統狄托先生選擇的休閒方式是做木匠。近幾年，英國開始流行「ＤＩＹ」（Do it yourself），小到在牛仔褲上信手抹上各種塗料，再撒些閃閃發亮的金粉、銀粉、自己做服裝、修抽水馬桶，大到建房子、裝修房子和建設花園，都親自動手。更多的英國人則挖池塘、養金魚、堆假山、置盆景，並種上四時花草，安裝上各種兒童玩具，圍上籬笆，使之成了一個小花園。英國人已經把自己動手看做是一種娛樂，一家幾口擺弄些什麼，父母修修這、補補那，孩子在這裡、那裡當當助手，戲耍一番，成了一件很休閒、很快樂的事。

如此多的人熱衷於自己動手，使出售裝修用品和小建材形成了很大的市場。英國的ＤＩＹ超市於是迅速發展起來，其中，Ｂ＆Ｑ超市是歐洲最大的ＤＩＹ超市，現有五十八家連鎖店，在全世界排第三。在英國，平均每戶花在ＤＩＹ上的費用約為七十六英鎊，而且這一數字還在以每年百分之十以上的速度增長。中國已經有Ｂ＆Ｑ開設的超市，取名為「百安居」❷，Ｂ＆Ｑ希望到二〇〇五年，在中國開設五十八家「百安居」。

只要人們對某種意味有需求，那麼這種意味的樣式就可能成為商品，構成市場。貧窮和富裕、殘酷和溫馨、緊張與悠閒、肅穆與滑稽、嚴謹與放縱、快樂與憂傷、幸福與痛苦、複雜與簡單、優雅與粗俗，所有這些意味的複雜纏結，都含有市場因素在內。一旦有一種恰當的樣式把它們表現出來，立刻就會成為時尚流行起來，甚至成為消費定勢，持續下去。譬如，人們需要「陳舊」，可以將牛仔布磨洗、漂白，扯出流蘇；也可以在上好的西服上打上補丁；還可以

❷台灣稱為「特力屋」。

把高級的禮服「製作」得千孔百瘡。人們需要「鬧著」，可以使氣候宜人、陽光普照的海灘躺滿了人，遠遠看去，綿延幾公里的海灘幾乎成了大浴缸。人們需要「被欺騙」，致使魔術師大衛考柏菲（David Copperfield）如此自負，每年有五百場表演，年收入有十二點七億美元。大衛考柏菲承認，他始終做著一件「迷惑」人的事情，但觀衆對此仍樂此不疲。

很顯然，無論現實怎樣，認同都可以由文化、由人的感覺去把握，它是主觀的、生動的、狀態化的。我們在心經濟、在文化市場這樣的背景下講認同，它一定是主觀的。認同了，就有了；不認同，就沒有。認同愈深刻，則價值愈高；認同愈膚淺，則價值愈低。

眼下「電子情人」正風靡日本，至少有三萬多日本男人通過手機的交友服務，贏得了電子情人，享受一份浪漫感情。儘管人們知道和他們交往的女朋友，實際上只不過是一套預先編制好的電腦程式而已，但是，越來越多的日本男人，仍然熱衷於養一個電子情人。只要心裡有感覺，有認同，電子情人也無所謂。「我和由美約會一兩次後，我就不得不承認自己已經被她吸引住了。」東京的內田深有感觸地說，「有時候要記得由美不是眞實的都有些困難。她會和我現實中的女朋友一樣，對我叫喊，對我不理睬。」一位不願透露姓名的男子聲稱，事實上，他和虛擬女朋友的交往經歷幾乎跟他眞的擁有一個情人差不多。養這麼一個秘密的情人，不用擔心妻子發覺後大吵大鬧。他說：「我爺爺養了一名藝妓情人，我爸爸和一個酒吧老闆娘相好，我卻有一個電子情人。也許別人覺得難以理解，但畢竟時代不同了嘛。」

我們看到目前的品牌經營受到了很多營銷大師的注意。如果深入透視，我們會發現品牌經營的還是人們的認同，以及認同產生的價值。物質商品因其功能而產生的價値，是客觀的價值。物質商品還有文化意味，它會產生主觀的價值。服裝的價格從幾十元到幾萬元不等，其物質的成本相差不會太多，但是其中的文化意味，使其價格拉開了距離。許多偉大的藝術品，如莫札特的音樂、杜甫的詩歌、中國明代的傢俱在其文化意味沒有被人們普遍而深刻認同以前，可能一錢不值。隨著對這些藝術品認同的深入和普遍，其價值也升了起來。

日本豐田汽車在歐洲賣得很不好，是因爲歐洲人對豐田汽車的認同度很低，其價值自然也上不去。豐田公司現在年銷售量超過五百萬輛，二〇〇〇年在美國銷量達一百七十五萬輛，但在歐洲其銷量只有六十五點四萬輛。豐田的高級轎車「凌志」（Lexus），二〇〇〇年在美國銷出二十一萬輛，在歐洲只賣出一點八萬輛。

豐田車的質量非常出衆，遠優於歐洲車。在ＪＤ動力公司二〇〇一年的全球轎車質量測評調查中，豐田公司生產的兩種牌子、五種型號的轎車，在轎車質量前十名中，佔據了五個位子，而且第一至第三名都被豐田公司所產的轎車給囊括。它們分別是凌志ＬＳ四〇〇、豐田雅瑞斯（Yaris）和凌志ＧＳ三〇〇。豐田質量好，與歐洲車相比價格也不貴，但爲什麼無法吸引更多的歐洲消費者呢？原因在於：一是豐田公司對轎車的設計沒有尊重歐洲人的文化意味，不是缺乏浪漫，就是缺乏力量。最近有一本汽車雜誌稱駕駛凌志ＬＳ四〇〇轎車就像「泡澡那樣讓人感到輕鬆」，但是歐洲人卻更喜歡洗淋浴，而不是泡澡，歐洲人開車需要的是更多的參與，而不是輕鬆，需要的是操縱的樂趣而不是舒坦。歐洲有輿論認爲：「豐田車關於完美的定義，更符合美國人，但不是歐洲人的胃口。」二是歐洲人認爲豐田公司只能生產低檔轎車，沒有生產高級轎車的能力，因爲在很長的一段時間裡，豐田公司生產的都是低檔轎車。他們缺乏生產高檔車的「血統」。即便他們生產出高級轎車如凌志，也不過是將原來的車包裝一下，換換外形，多要點錢罷了。三是豐田的凌志車沒有個性，怎麼看也沒有貴族氣質。總之，過低的認同度，使豐田汽車在歐洲失去了一塊很大的市場，失去了它應有的價值。

主觀認同等於價值

很顯然，有些價值取決於價值觀，尤其在心經濟領域，更是如此。只要人們認同就有價值，這種趨勢正在上升。人們的價值觀發生了一系列的變化，滿足心理和精神需要的文化意味和文化樣式的價值上升了，並且取代了以物質樣式和功能、性能滿足生理需要的主流地位。一些物質、利益、權力、出身、學歷的價值也都在後退，而個性的、立體的、深刻的情感和意味走上了前台。一些變化在最爲頑強的傳統文化內部發生了。

一個個歐洲王子和灰姑娘的眞實故事，說明了無論是傳統的，還是前衛的，無論是傳承的，還是新的，由認同確立的價值觀，指導著人們的行爲方向和人生、情感和生活的價值取向。三十四歲的荷蘭王儲威廉・亞歷山大已經宣布，他將於二〇〇二年二月二日與平民出身的阿根廷銀行職員、三十歲的馬克西瑪小姐結婚。四十一歲的比利時王儲菲力浦在一九九九年底與嫵媚的語言矯正師、二十八歲的瑪蒂爾德舉行了婚禮。挪威王儲哈康選擇了平民妻子——單身母親梅特・馬里特。哈康說：「一個人不應該把婚姻建立在社會地位的基礎上，而應該同有感情的人結婚。我願意同她一起度過自己的餘生。這比擁有任何貴族頭銜都重要。」西班牙王儲費利佩和丹麥王儲腓特烈，因兩人的父母都反對各自的兒子分別選擇模特兒和流行歌星爲妻，而使兩位王子訂婚遙遙無期。

一些人擔心王室尊嚴「庸俗化」了，他們還認爲，如果任何一個人都可以因爲婚嫁而進入王室，那麼王室就失去了其魅力、神秘感和尊嚴。但在大多數人看來，他們贊同年輕一代王室成員的看法，即生活質量重於血統出生。他們更看重的是能力、責任感、社會良知。同一階層的人聯姻，其根本的目的，不是爲了幸福，而未來的國王們在尋找我們每個人都在尋找的東西：偉大的愛情。對王室婚姻新的「覺悟」，使歐洲的王子們對生活、婚姻的價值認同發生了深刻的變化，舊有的價值觀被拋棄了，因血統而產生的尊嚴正在失落。

主觀認同產業的價值已經被市場所證實。羅伯特·默多克購買洛杉磯道吉斯公司，耗資三億美元，其價格是當初約翰·史密斯等人從布魯克林信託公司買下這樣的公司時的一千二百倍。可以肯定，這一價格的一部分，反映了作爲福克體育節目的搶眼標識的品牌價值。這一例子生動地證明了，在文化行業中，一個名牌是如何衡定其身分的。而這一身分正是追星一族因爲深刻的認同，而在名人身上濫花錢財所堆出來的，許多名人也因此而積累爲一個價值超億元的品牌。二〇〇一年的夏天，歐洲足球運動員轉會市場幾乎「瘋」了，其中又以西甲和義甲「瘋」得最厲害。在西甲，皇家馬德里隊爲收購席丹拋出了創紀錄的天價，轉會費達到四千五百萬英鎊。在義甲，祖雲達斯（Juventus）隊爲收購守門員布封，也將門將轉會費的世界紀錄翻了兩倍，達到三千二百萬英鎊。而皇家馬德里隊則將人們對席丹的認同轉換成龐大的市場。在席丹到達的那一天，因爲出售印有他的T恤，皇家馬德里隊就將數百萬美金收入囊中。皇馬俱樂部的經理人員認爲，購入席丹將使他們獲利。

因爲認同，因爲心理和精神的需要，人們會拿出自己的時間、精力、金錢。物質的價值在這裡就顯得太賤了。只要深刻認同的意味可以被消受，許多人會傾其所有，全力以赴。世界各地、各國、各民族爲人們心中普遍認同的種種節慶所做的種種投入，使我們深受感動，對主觀認同和價值關係也有了清晰的認識。每年春節將臨，漢族所在的地方，都會發生變化，紅色開始在每家每戶的門口出現，紅燈籠、紅對聯、紅窗花、紅彩紙……人們的心在春節到來的前幾天就開始激動起來，打掃房間、準備新衣、購買年貨、排出走親訪友的計畫，再貧窮的家庭也希望一家人能夠團聚，時間、精力、金錢都爲希望、吉祥、圓滿和幸福的感覺付出和服務。文化市場就是這樣，不認同就一文不值，只要認同，則價值連城。

族群性

雖然對文化的定義有不少爭議，但是對這樣一個概念大家都認爲是必不可少的，那就是「特定人群」。對人類來說，文化不是普遍的，而是個別的，某一族群也許擁有這些文化特質，另一族群也許擁有那些文化特質。文化市場是以各種文化樣式去滿足人們的文化需要，包括心理或精神的需要。這樣一種樣式滿足的就是某一文化族群的內在需要。有些物質產品，幾乎可以滿足全人類的需要，構成全球市場，譬如稻、麥、水、鹽、電話、飛機等，可以出售到世界各地。但是與文化需求相關聯的產品，則被劃分爲族群，至今沒有一件文化產品可以賣遍全世界。即便是物質產品，如果沾上一點文化意味，並被人們普遍認同，它也就族群化了。服裝、食品、汽車、居室都被族群化消費著。印度人不吃牛肉，而歐美人對牛肉有嗜好；歐美人絕不敢吃狗肉，而中國人對此有嗜好；中國人很少吃馬肉，而法國人對馬肉有嗜好……這些普遍的肉食，一旦和文化沾上邊，信仰、理念、禁忌、習慣就將人們分開了。

在同一文化族群中，人們的文化消費需求則基本上是一致的。在南北兩大文化體系中，南方人更多地認同與集體、家庭、夥伴等意味很強的消費方式。世界上越來越多的大城市將出現在南方，現在世界最大的城市如墨西哥城等就在南方。與北方人喜歡離群索居不同，南方人喜歡聚集在一起。黑人在卡車和貨車上的花費只占百分之二，但是在社交方面的支出卻幾乎占了百分之二十五，這一差別反映了黑人在城市的集中方式。家庭對於拉丁裔人來說，怎樣強調也不過分。人們消費的是「和家人在一起」的意味。例如，同樣是看電影，對拉丁裔的美國人來說，他們往往把它看成是一次全家外出活動，而英裔美國人則認為看電影主要是娛樂和逃避現實生活。一項研究發現，百分之四十二的拉丁裔電影觀眾是三人或更多的人結伴而去，而在英裔美國人中，這樣的觀眾只有百分之二十八。對家庭這一意味的認同，使拉丁裔這一族群努力去為家庭帶來幸福。在這個亞文化團體中，把孩子打扮得整齊、漂亮才是一件值得驕傲的事情。相反，方便省時的兒童用品，對拉丁裔的家庭主婦來說卻不是很重要，如果她的家人能從中受益，那麼她倒寧願買些費人工的產品，甚至不惜自己費時費力地去做。在中國，一些富有的家庭，主婦為了家庭的快樂和表現出自己對家庭成員的熱愛，經常親自下廚，做幾樣家人或親戚喜歡的飯菜。

族群性的文化市場特性，會在信仰、理念、個性、興趣、交際、行為和形式等文化特質上表現出來，也會在氣候、地理、性別、年齡、地位、職業、收入等人文要素上表現出來。美國人以年齡爲界限，將自一九三〇年至一九六六年之後出生的人，劃分爲七個不同的族群，分別標識爲節儉、愛國的一代，務實的一代，最糟糕的一代（不是落伍就是超前），反戰一代，對未來悲觀一代，短期繁榮一代和未知的一代。如果將不同時代的消費者對中國京劇認同作一劃分標準的話，解放以來的五十年裡，大致也可以分爲四個族群：經典一代、樣板戲一代、否定一代、交響樂一代。

雖然文化和個性化的趨勢在同一種文化、同一個時代同爲時尚一族，文化市場的族群性仍然會被表現出來。西班牙《時代週刊》二〇〇一年九月二日刊出〈新的部落〉，對千禧年各種新時尚部落作了區分。原始一族：他們的屋子裡經常彌漫著檀香的味道。他們喝的是煮的茶，喜歡一些怪異的東西，如怪異的醫藥、怪異的文化符號（樣式）、怪異的髮型……他們愛在小集市上買東西，聽曼陀羅修行歌，搜集藏族人的缽、非洲人的筷子、摩洛哥人的煙香，他們喜歡的就是那種充滿原始、古樸、奇異的氣息；ＢＯＢＯ族[3]：「ＢＯＢＯ」是放蕩不羈的資產階級的簡稱，是美國作家大衛·布魯克斯給他們起的名字ＢＯＢＯ一族奉行生活簡單化的原則，簡約而深刻是他們的基本風格。他們熱衷於最新的藝術、哲學和時尚，消費有分量的東西，如名牌礦泉水或陳年葡萄酒，用最昂貴的化妝品，還經常出入飯店和時尚俱樂部。他們酷愛旅遊，以擴大自己的空間感和歷史感。他們不抽煙，也不願結婚；業特士族：這一族特指那些創業青年。他們居住在高科技區，年齡都在三十二歲以下。他們一律用ＰＤＡ，穿最新現代技術

③即布爾喬亞（bourgeois）與波希米亞（Bohemia）的綜合體。

材料製成的服裝，環境中到處都是金屬質地，機械氣氛濃重。他們喜歡讀科幻小說，對於稚樸的氣質和穿著，他們嗤之以鼻。他們是少年志成一族，也是輕鬆一族：他們取代了傳統的雅痞，相當獨立，富於創造性又能自我約束。家是他們最好的辦公室。電腦和手機經常披掛在身上。大都從事與媒體和新事物相關的職業，喜歡嘗試各種活動，在各種職業中流動。習慣於生活在城市之外——郊區、海邊或山區，但他們環繞中心城市居住。他們穿天然纖維質地的、輕柔的、舒適的服裝，色彩明快；新嬉皮族：這一族對西方的生活方式感到厭惡。他們把目光投向東方，希望從東方的生活方式中找到寄託。他們都上過風水課，學習占卜和運氣方面的知識，篤信佛教的因果報應，勤練瑜伽功。他們是素食主義者，不吃肉，喝家釀酒，穿老式服裝或陳舊的款式。針織衫看上去像是他們的老祖母爲他們編織的。他們總在探索內心的感覺；波納斯族：這一族人自我封閉，與世隔絕。他們不願與他人聯繫，處處以平常現身，信守平淡，與世無爭。他們從不追逐潮流，什麼事也難以激起他們的興趣；追潮族：追潮族最熱衷於時髦的東西。他們奔忙在時尚之間，創造和捕捉一波又一波的時尙和奇裝異服。他們時髦而單純，情感畢露，個性張揚，他們經常裝飾家居，搬動傢俱，翻箱倒櫃，爲的是自己不斷有新的感覺。

族群性消費必然成爲文化市場的一個很重要的特性，它不僅使一種文化產品的市場細分，而且使每一族群的個性越來越強烈，使這一族群與另一族群的氣質迥異，有些氣質可能完全相反。一些族群喜歡的文化樣式，另一族群可能從不問津。族群與族群之間已有了很深的文化壁壘，甚至相互間無法解讀。香港著名諧星周星馳在香港人氣極旺，很受青少年迷戀。在香港有「二周（周潤發、周星馳）一龍（成龍）」之說。周星馳的影片連年居港片之冠，甚至壓倒成龍。但是很多觀衆對周星馳主演的影片會說看不懂。他們認爲《逃學威龍》、《唐伯虎點秋香》一類的「無厘頭」搞笑片，大多情節荒唐，動作誇張，胡編亂造，莫名其妙，爲理性的知識分子所不屑。

但事實是，我們的文化沒有能力去解讀香港青少年一族的消費口味與嗜好。香港周星馳一族的產生，是基於下列幾種文化切割而成的：一是他們承接了中國文化思維的跳躍性、晃動性，思維的速度很快，但不太長。這一原因，將非漢文化族群劃了出去。周星馳的「演繹」，中國人看得懂的多、西方人看得懂的少。在西方人看來，周星馳演的片子邏輯性不強，線條不清楚，他們看了會迷糊的；二是他們受到香港雜色文化的薰陶。在香港，什麼東西都有，什麼人都有，什麼奇遇都有，什麼文化都在這裡雜陳交融，香港的生活就是這樣五花八門，香港的旅遊口號，也是「動感都市」。香港青少年一代，完全是在這種文化背景下形成自己的文化個性的，因此解讀周星馳，會覺得很順。這一原因，又將非香港人劃了出去；三是香港現代化進程完成得較早，後現代文化意識已深入到年青一代。他們的文化個性表現爲：1.零碎化。即沒有一以貫之的主題；2.斷裂感。強調時空的跳躍性和時態的消失；3.平面感。以鋪張爲主，不講究深度；4.混合性。主張多種風格、樣式、個性混合，以致不協調；5.嘲弄經典。使之平民化，使人的個性得到釋放。這一原因又將傳統、秩序、理性的族群分離了出去，特別是年長的一代，對周星馳的影片有看不懂的感覺；四是快樂至上成爲消費主流。富裕起來的香港人，對快樂的追求上升至主要消費傾向。電影讓香港人喜歡，首先要讓人快樂。周星馳主演的多是喜劇，許多影片的主旨純粹是爲了快樂。像「到了現在這個地步，我沒有辦法不表達我眞正的身分，其實我就是射雕英雄的傳人，東方不敗的師傅，西方失敗！」，「誰說我是鬥雞眼？我只是把視線集中在一點，以致改變我以往對事物的看法」，既有噱頭，又有搞頭。嬉鬧、調侃、答非所問、玩世不恭，一切都爲了讓人們開心而已。這一原因又將追求意義、追求價值的人群撇開了。

文化的族群會愈來愈小，愈來愈深刻，愈有個性，人們的需求也會更完整、更系統、更內在，要求也更高。文化市場的營銷也會越來越細分，電影院會越來越小，許多文化商品的數量也會越來越小，直至量身訂做。

潮汐狀態

心時代的到來，使平靜和永恆在這個世界裡永遠消失了。潮汐狀態不僅僅是文化市場的特性，還是心經濟、心時代的特性。潮汐狀態是海水每天在同一個地方潮漲、潮落、潮平兩次。文化市場將比潮汐波動更頻繁，更紛亂，也更驚心動魄。在這個世界，動是絕對的；動是一種規律，波浪式前進，循環式發展，螺旋式上升，說出了文化市場的這一特性。而動得最多的是人們的情緒和心理狀態，有時包括精神狀態。心理和精神變化了，文化就變化著，文化需求也就變化著，從而，文化市場相應會波動起來。在過去的一百年裡，當南方國家驀然回首，全力以赴奔向現代化時，世界潮流突然變化了，西方資本主義現代化國家開始否定自己的文化，提出了「資本主義的終結」、「現代化的終結」、「科學的終結」、「藝術的終結」。「終結」這個概念已在西方廣泛被認同。現年九十三歲的法裔美國人雅克・巴爾贊❹二〇〇〇年出版了《從黎明到衰落：西方文化生活五百年》，作者認爲，西方文化「從某種意義上來說，人們的思想過多地被事物正在崩潰的感覺所占據，以致於無法意識到一些可能是新生事物的東西出現」、「我們必須首先在一個廣泛的領域內將地面打掃乾淨，這個領域的涵蓋範圍要比文化這個單一的領域寬泛得多。在我看來這種清潔工作必須是一次全面的破壞，它不僅應該涉及我們的行爲，而且還應該包括人們對過去的回憶。」北方文化的退潮和南方文化的回潮，乃至於達到高潮，在心時代，將在全球展開一幅蔚爲壯觀的歷史圖景，心經濟將在這裡發現巨大的歷史機遇和財富，文化產業將蓬勃興起。

文化市場隨著社會、經濟、人文因素的變化而產生波動，因爲經濟繁榮在各國間此起彼伏，文化也隨之起伏。我們看到，在二十世紀八〇年代，日本經濟達到鼎盛時期時，日本婦女的裙子越穿越短，而美國婦女的裙子則越穿越長；十年後，日本婦女的裙子長了，而美國婦女的裙子則短了起來，因爲高新技術產業帶來了美國經濟空前的繁榮。二十一世紀的頭十年，中國婦女的裙子將可能是世界上最短的了（不是歷史上絕對最短的，而是相對最短的），因爲在這一歷史時期，中國是世界經濟強勁增長的中心。裙子長短的意味與經濟興衰的意味在心理層面是相通的，所以它們會相互影響，推波助瀾。

隨著人的成長，文化需求會變。年少時，喝飲料，看動畫，讀詩歌；年輕時，喝啤酒，看

❹Jacques Barzun，美國著名史學大師。

電影，讀散文；中年時，喝葡萄酒，看芭蕾，讀小說；爾後是喝黃酒，看京劇，讀歷史，研究哲學。一年四季，循環往復，人的文化需求也跟著改變。服裝要變，四時菜肴要變，工作休息要變，特別在節慶活動時，更是文化消費高潮。即便是一天之內，人的生理、心理也會發生變化，影響到我們的感覺，並提出種種需求。清晨的朝氣蓬勃和入夜的安逸舒坦，都需要有文化產品去支援。庭園和臥室的文化環境設計很具體地體現了這樣的需求。

一些突發的事件也會改變整個文化市場的方向。「九一一」恐怖襲擊美國事件發生後，美國民衆心理受到重創，人們不願看到類似的符號重現，以暴力、恐怖、飛機、摩天大樓、襲擊爲主題的影片、音樂、故事、紀錄都被廣泛禁止，好萊塢的娛樂、電影、媒體公司生意一落千丈。總部位於德克薩斯州的暢通通信公司，列出了一百五十餘首在這敏感時期禁播的歌曲，曲名多含「爆炸」、「炸彈」字眼，旗下一千一百七十多家電台停止了這些歌曲的播出。這一事件甚至波及了時裝界。時裝界在「九一一」事件後，重返黑色基調。內莉羅迪時裝公司說：「我們原本預計年底的時裝將五顏六色，款式新穎獨特，但美國的悲劇令我們戛然而止。現在要做的只有一件事：黑色——爲一個時代結束而悲哀的色調。」米蘭最著名的多切爾時裝店宣布，這個時裝展銷季將不推出性感時裝，將告別超級短裙和露胸時裝。Gucci公司說：「世界情緒的變化肯定會體現到時裝上。」與此同時，文化也發生了變化。銷售避孕工具的公司說，「九一一」事件後它的銷量暴增：人們已不願把孩子帶到這個不安全的世界上來。

文化市場的潮汐狀態不僅是一種客觀規律，而且還是一種主觀狀態。沒有多少人主觀上願意自己的心完全沈寂。心如死灰，在人們看來是一種無奈，是一種心靈的悲慘，甚至是整個生命的悲慘。人們的心理和精神感受，其根本目的是讓人獲得種種快感，一是向心靈深處滲透，一路打開，一路感受，直至信仰的感動和堅定；二是橫向變化，豐富多彩，甚至於無聊到搞笑，讓人們有感覺，有激動。進展、變化、波動、循環、跌宕起伏是文化的、也是文化市場的基本特性之一。即便是看似不動的東西，心也在感受。在海灘邊曬太陽，有陽光的溫暖，有閒適的舒坦；在拙政園[5]喝茶，有寧靜的安然，有悠長的延宕。無論是安定還是跌宕，無論是沈寂還是激盪，心永遠不停地在感覺著、感受著、感動著。滿足人們生理需要的物質市場雖然有一些週期性大的波動，但在頻率上、起伏上、過程中都不如文化和文化市場那麼高，那麼大，那麼自始至終。文化和文化市場即為潮汐。

文化市場的潮汐狀態源起於人們的文化、精神、心理和情緒的波動。文化的多元、觀念的豐富和情緒的動盪，使人們無論面對任何事物都有感覺想表達，並用這種或那種形式表現出來。今天，這個世界的文化已經豐富、變化、對立，以致於發生任何事情都會有一些人歡欣鼓舞，有一些人淡然處之，有一些人垂頭喪氣。今天，這個世界的文化已經生成了無論如何也都要發洩一下自己情緒的族群，無論是怎樣的狀態或結果，他們都要發洩自己的情緒。二〇〇一年十月二十日，亞洲十強賽，伊朗隊對弱旅巴林隊的比賽，伊朗隊只要獲勝，就可進入由日、韓所主辦的世界盃。然而身為A組強隊的伊朗隊的表現卻令人目瞪口呆，在家門口以一比三告負。伊朗球迷當即在首都德黑蘭發起大規模騷亂。一些人投擲石塊和煙火，公共汽車被點燃，

[5] 中國四大林園之一。

毀壞了商店，襲擊了銀行和政府大樓。在幾個街區，球迷和員警發生了對峙和衝突，八百名鬧事者被逮捕。這場騷亂尚情有可原，伊朗隊在此前一場的比賽中，以二比一擊敗伊拉克隊後，球迷也發起了騷亂。他們是敗也騷亂，勝也騷亂。世界各地的員警，在每一場重大的足球賽事後，都經歷過這樣的場面：勝利後的騷亂和失敗後的騷亂。有些人就是爲了釋放情緒而去參加各種文化活動的。這就是潮汐狀態。

世界的全球化、網路化和噴射客機的出現，使人、文化和情緒在全球湧動，產生了文化市場的潮汐狀態。在二千年前，人類佔據的場所，其空間相對狹小。一個場所中的人只能與附近固定的少數幾個人相互作用。到二〇〇一年，人類已進入空間，它是一個電子生成的環境，與場所不同，空間具有無限的維度，實際（人、物體、代理軟體、數位、節點等）可以用一千種不同的方式，從一千個不同方向互相接近。在電子空間裡一個人可以同時與一千萬個人通訊，可以與二萬個人共同玩一個遊戲。這些事情是場所不能辦到的。

今天，一條重大的新聞、一件相當有趣的事件，都會在電子空間引來一大群電子訪客，他們會像浪濤般湧來。他們可以一瞬間出現，又一瞬間消失。在深藍電腦與前蘇聯國際象棋大師卡斯帕羅夫比賽下棋時，ＩＢＭ網站迎來了五百萬訪客，門檻都被踏破。比賽結束後，網站又門可羅雀了。一九九六年美國大選前夜，ＣＮＮ的網站上擁擠著五千萬人。但第二天，人潮就消退了。人們的情緒、關注藉著網路在全球奔湧，從一個浪峰捲向另一個浪峰，追逐著一個又一個熱潮。也許今天有一大群人狂敲你的門，使你整夜無法入睡，第二天你還在睡眼惺忪時，他們都已經走了，你也朦朦朧朧跟著他們走了。

文化市場的潮汐狀態，使文化公司的成敗也瞬息萬變。人們稱文化公司的這種狀況是彩券式發展模式，要嘛是中了頭彩，要嘛就是啥都沒有。確實，當一件產品成功時，常常是以瘋狂的多動症似的狀態自發地膨脹起來。近來電子寵物的銷售就是如此。Tamagochis是日本生產的一種玩具寵物，頭一年其銷售量達到一千萬個，第二年銷出二千萬個。當這種產品進入美國，第一個月就賣了五十萬個。僅從增長率看，Tamagochis實際上成了能自我繁殖的動物，因爲它的銷售曲線與生物學上的動物繁殖曲線吻合。開始是兩個，過了一年就是二百萬個。生物學上的群落總數可以很容易地劇增，現在這種瘋狂的劇增模式在文化、文化產業、文化產品上也出現了。

我們必須時時保持敏銳的眼光和敏感的心，才可能在波濤洶湧的文化市場中捕捉到成功的機會，不然幸運會稍縱即逝。文化市場是一個人人都可以玩的熱潮遊戲，只有那些玩得靈活而果斷的人才可能成爲贏家。我們要改變工業企業家們的經營方式和觀念，不能要求投入一項就成功一項，而應如油井的開發，鑽鑿出幾個大油井，以彌補許多乾枯的油井。你有許多意味和一大把形式，但你事先很難預料某種意味加樣式會遇到人們文化需要的狂潮。你能做的，一是確立失敗乃成功之母的觀念，坦然面對失敗；二是一旦成功如期而至，在人們從一個熱潮奔向另一個熱潮之前，你要有能力立刻去成千上萬地複製，甚至是成百萬成千萬地複製，滿足蜂擁的需要。不然成功會很快退潮，你將追悔莫及。

成癮性消費

整個文化市場確實處於潮汐狀態，全球性的文化市場更是對此推波助瀾。但是，對某一個文化的感受者，對某一文化樣式的部落來說，他們的消費則穩定在一種意味主導下的多種特質和複雜的樣式之中，說他們對某種意味的消費成癮並不爲過。大部分文化消費都表現出這一特性。如果某種意味含有不同形式的變化，使其特質會更深入，更深刻的話，會令他們更激動。

在吃飽穿暖方面，人們不會成癮，但一旦涉及吃什麼、怎麼吃，穿什麼、怎麼穿，住什麼、怎樣住等觀念和方式時，文化消費就有了風俗習慣，有了成癮性。韓國人和日本人都喜歡吃泡菜，兩國的泡菜商爲爭奪泡菜的宗主地位而打得不可開交，原因是兩國的泡菜商都知道，吃泡菜已成了兩國人民飲食結構的一部分，成了一種飲食習慣，成了文化的基礎，這將是一個持久而巨大的市場。我們可以看到中國烹調所形成的那種獨特的風味，始終被十多億人所熱衷並數千年延續。這是一個讓人震驚的典型，它使文化消費相當持久。

很多公司的巨大成功，就在於尋找到了文化的節點，找到了這種頑固的消費偏好，而不是隨意的創新。日本快捷服裝零售公司總裁柳井恭，看到開放、自由和個性化使日本人對服裝產生了一種閒適的意味需要，從一九九七年開始，他的休閒服裝便很快席捲日本，去年就售出了三億件，這也就意味著日本一億二千萬的男女老幼幾乎是每人在一年裡買了他三件服裝。二〇〇二年，柳井恭準備進軍英國，每個月在英國開出六至十家服裝分店。柳井恭認爲英國和日本兩國文化心態大同小異。他說：「法國過於保守，美國市場競爭太激烈，英國的保守程度與日本人差不多。我們都生活在島嶼之上，都是注重實際的國家。我們都喜歡有點新意，但不要過火。」

文化本身就是一種成癮性的觀念和方式系統。對於某一族群中的個人來說，文化是其個性的重要組成部分。文化的「消受」，是其個性化的「消受」，是其心理和精神滿足的主要方面。換句話說，個性和文化在背後支持著這樣那樣的「消受」，支持著對某一意味的執著和需求。據二〇〇一年俄羅斯《消息報》報導，目前，許多俄羅斯人都在崇拜總統普亭，尤其是女性，她們認爲普亭「性感、有魅力」，不少人甚至到了癡迷的程度。家住俄羅斯的米哈伊爾和柳德米拉，原本是一對恩愛夫妻，但柳德米拉對普亭漸生「愛慕之情」。最初她收集了幾盒子有關普亭的文章，丈夫很不理解三十九歲的妻子的這種嗜好。以後，柳德米拉總是占著電視機看普亭的電視講話。但當丈夫問她普亭講了些什麼，柳德米拉則說，她根本沒有注意普亭講話的內容，只是願意靜靜地看著普亭。不久，柳德米拉有了自己的房間，包括丈夫在內的任何人都不能進那間房間。在這個房間裡，床頭上方掛著普亭的巨幅畫像，寫字台上放著印有普亭像、玩偶、普亭彩照封面的書以及印有普亭頭像的T恤……

文化市場的成癮性消費族群有時對某一意味的感受需求會變得相當極端。追星族的許多故事豐富而生動地說明了這一點。他們可以放棄工作，放棄學習，日夜跟隨自己心愛的明星、歌手、球隊，從世界的一端奔波至另一端。這種趨勢現在愈演愈烈。過去的追星族很容易滿足：一張簽名的明星照，一件有明星頭像的T恤，一次握手，一張限量發售的唱片或者一個動人的微笑，就足以讓他們欣喜若狂。在歐美，出現了新一代的追星族，他們想進入明星們的生活，使得明星們開始害怕，不想使自己成為他們的受害者。二十七歲的法國女子克莉絲蒂娜・羅特二〇〇二年三月成了美國媒體的頭版新聞人物，她不僅擅自闖入電影明星潘蜜拉・安德森的家，還在偶像的閨床上睡了一覺，被捕後員警把她遣送回法國。法庭宣判她從此以後至少與潘蜜拉保持五百公尺的距離。

這種成癮性消費還受到文化創制者極其個性化樣式的推動，使一些族群的心理和精神需求在一些文化樣式上得到深刻的滿足，充分的感動。最為前衛和飆酷的時裝要數Vivienne Westwood的了。六十年前，她設計了時裝領域最荒誕、最離經叛道的時裝。她用橡膠、繃帶做原材料，也會撕裂上好的衣料來體現自己追求的效果。八〇年代，她又大膽啓動內衣外穿，從而風靡全球。她的這種癲狂的創意強烈地支持了「龐克」一族。「龐克」一族對她的時裝趨之若鶩甚至到了膜拜的程度。Vivienne設計了大量稀奇古怪的服飾和不倫不類的配件來襯托他們，這樣的設計聚集了全歐洲年輕人的目光。Vivienne的設計思想和意念將永不妥協和煽情主義的風格賦予了時裝，使反傳統、反潮流的「龐克」一族找到了自己適切的服務樣式和符號。對於「龐克」們來說，Vivienne設計的時裝，深化了他們對「龐克」一族的文化內涵，它不僅是「龐克」們需要，而且是他們必備的意味和符號。

文化是一個完整的系統，你可以深入感受，無限體驗。一種新的文化一旦形成，它也會由上而下去整合這一文化族群的整個生活方式。成癮性消費的模式，在文化創制者的提煉、設計、展開中，使某一文化意味下的各種樣式變得整一，它們的特質不變，其樣式卻是豐富、變化和進步的。這種文化樣式系統完整地表現出這一族群的個性、嗜好和氣質，「說了他們想說的話」，從根本上滿足了他們的心理和精神需要，從而使這一文化感受得以持續。二十世紀七〇年代以來，電影不斷宣揚年輕人的反叛形象。馬龍・白蘭度、詹姆斯・狄恩和彼得・馮達駕著哈雷摩托車追尋他們的夢幻世界，男人的形象被哈雷強悍和低吼的轟鳴聲提升到了理想的境界，成爲最男性化的標誌。哈雷・大衛遜公司明白這一族群的文化意味，將一系列與之相符合的特質和元素結合進來，推出了哈雷咖啡館、哈雷信用卡、哈雷時裝、哈雷手錶、哈雷品牌的CD和香水（那種令哈雷車主駕車狂飆時能使他們興奮不已的產品）……使哈雷車主們獲得了系統的滿足。世界各地上百萬的哈雷車主加入了哈雷俱樂部。在這裡，哈雷成了一種文化狀態。當一場重要的體育賽事正在進行時，體育場邊會有成百上千輛哈雷摩托車地列在那裡，它們閃著寒光，寂無聲息，同樣的標誌和車型訴說著相互間的認同和張揚著哈雷一族的個性，這一切使他們對哈雷意味消費的癮更大了。

第七章　心經濟的發展

講心經濟發展策略以前，先講一下心經濟發展戰略，以避免我們在發展中執迷於策略和點子，這種風氣現在很盛。美國管理大師彼得．杜拉克說，做戰略必須回答這樣兩個問題：一是你想幹什麼？爲什麼？二是你正在幹什麼？爲什麼？他又說，戰略是不可以操作的。因爲戰略很大，至少在一、二十年裡起作用（事實上，彼得．杜拉克先生指的是公司發展的文化戰略）。依此觀點看，本書前面的內容集合起來，才回答了戰略問題。作者的布局也是這樣安排的，讀者也應當這樣去看。我們想從事心經濟和文化產業，必須深入研究、系統闡述五個方面的戰略問題。

1.使命：我們做什麼？爲什麼做這一個？（如果少了我們，市場會怎麼樣？）
2.理念：我們怎樣去做？怎樣經營？
3.管理風格：我們是何種個性？如何管理使我們效率更高？
4.傳播網路：我們以怎樣的態度和方法交流？
5.行爲特質和方式：我們的行動具有怎樣的氣質和特點？

對這一系列問題的闡述就是我們的文化戰略。如果我們回答得精準，在市場、能力、文化和生成文化的環境上直接通達合密，也就是說，以這樣的自然、社會、制度、工作、人際的環境必然生出這樣的文化，而這樣的文化必然生成這樣的能力，這樣的能力不僅適合我們的產品，而且最爲擅長，那麼，我們的戰略就是最爲理想的，也是最爲成功的。如果這個戰略在全體員工中自覺執行，我們的戰略目標也一定能夠實現。

這一章是講策略的，它的關注面就比較小，是討論一個項目如何發展起來的。因此我們要在公司戰略的俯視下解讀，選擇和研究發展的策略，大處把握好，小處才可能成功，方向正確了，動力和速度才有效。這裡說一個發展策略的框架，把以下各節的相互關係和秩序提出來介紹，以接通各種策略的脈絡。將一個文化項目發展起來，大致要經歷文化市場調查、文化個性定位、樣式設計和製作以及推廣等四大階段。首先是調查，文化市場的調查最爲重要，它是保證一個項目成功的基礎。這種對心理和精神需求的調查，不僅要找到一種文化，還要在混亂的文化族群中剝離出核心需求，並且深入下去，從習慣的、風俗的，一路探索到社會的、個性的、觀念的、精神的需求。而對這一需求的把握不僅要精準，還要系統。然後是文化個性的定位，它涉及三個方面，一是何種個性（一組意味的集聚體），休閒還是探險？快樂還是深刻？二是這種個性的水準，是世界級、國家級還是地區級？就像創立足球俱樂部，目標是成爲皇家馬德里隊、沙特隊還是申花隊？三是市場空間期望，在全球還是在某一洲、某一國、某一地發展？因爲這不僅涉及樣式，還涉及可能。同是欣賞休閒類的專案，音樂可以在全球擴張，很少有文化的障礙，而茶道可能在亞洲有發展空間，越劇就限於江浙一帶了。其次是樣式的設計和製作，文化樣式分爲符號、樣式、場景和狀態，它們之間深度有區別，體量也有區別，愈朝後的樣式，質量相對前面的愈高。不同的樣式對於感受者（消費者）來說，相應地也會從中表現出經歷、體驗、覺悟和信仰不同深度的感受。最後是推廣，文化項目的推廣有一個量的概念，但更重要的是質，因此最爲成功的推廣是由認識、認知、認同最後成爲文化。營銷從消費者知道這一產品始（認知），體會到其中的意味（認知），並在心理和精神上得到呼應（認同），最後成爲文化的一部分。諾貝爾獎就走過了這樣一個成功的歷程。多少年來，人們不僅知道有諾貝爾獎，通透其意義，並爲此而在事業上發奮努力。今天，一位諾貝爾獎的獲得者，深知其對於科學與和平的意義，社會普遍認同這一點，獲獎者自己也認同這一點，這已經成爲一種文化。諾貝爾獎獲得者，這一名稱的全部意味已經得到了社會普遍一致的解釋並獲得尊重。這就是文化。

覺悟心的需求

心經濟滿足的是人們心靈的需求，從事文化產業其首要任務就是覺悟人們心靈的需求。但由於文化是人們內在自覺的觀念和方式系統，而不是外在的物質或樣式，這就會使我們對文化的調查發生一些困難。與過去物質產品的市場調查方法相比較，我們對文化市場的調查須在觀念上有一些變化。一個變化是，我們主要是在覺悟文化需求，而不是在做文化調查，因爲文化的需求不可能被直接、深刻地調查出來，即使你調查後可以得出人們有一種快樂的渴求，但是，什麼才是快樂，怎樣才能快樂，在何種程度才是快樂（不是欣喜，也不是激動）卻無法清晰、精準地被揭示出來；而且調查的人解讀不同，被調查的人解讀也不同，同樣是快樂，各種文化的理解也不同。所以我們這裡就用了覺悟一詞。另一個變化是，我們覺悟的是文化，是文化的需求，是人們對一種觀念、方式、心理、精神的需求，而不是物質的需求。它所面對的是文化，是文化的形式，是文化形成的環境；不是文化產品，不是物質的市場，不是社會關係；而是這一文化產品，這一市場，這一社會關係中的意味，那種被人們普遍認同並與之互動的意味、觀念和方式。再一個變化是，人們所有的文化觀念和方式需求都可能成爲一個巨大的文化市場，無論它們是贊同什麼或反對什麼，是滿不在乎的習慣還是嚴肅認眞的禁忌，是信物與棄物、愛好與厭惡，都可能是一個市場形成的基礎。原本無聊和空閒讓人不知所措，根本沒有商業意義，如果哪一天突然有了市場價値，那麼，那些使人們不再無聊的樣式，就會受到了失眠的人、臥床在家的人、兜裡有足夠的錢去租ＶＣＤ的小孩和愛躺在沙發上打發時光的人們的歡迎，一個新的市場於是就這樣形成了。

我們可以對文化市場作一些調查，但一定要對這樣的調查有一點文化覺悟。對消費者的文化研究表明，女性消費者不喜歡荔枝幹，因爲由水汪汪的鮮荔枝變成粗糙皺褶的外殼和肉，讓人想起人老化的過程和可能的境遇；而男人喜歡抽雪茄，不僅是因爲他們有重溫孩提時代吮吸手指的感覺，還因爲他們覺得味道濃烈的雪茄煙，使他們看上去更像個男人；女人在烘製蛋糕時，她們的表情相當嚴肅，因爲她們的潛意識裡覺得這是一種生育行爲，她們也不喜歡用簡便和速成方法做蛋糕，因爲那樣太過於簡便，無法表現出她們的情感，一如許多女孩一定要親手爲未婚夫織絨線衣一樣。

有些事實使我們停留在事物的表面，但我們必須深入去感覺、發掘出文化的需求，才不至於使我們的產品被阻擋在物質的層面。柯達軟片的營銷就是一個很好的案例。我們平日裡不會沒完沒了地拍照，只有在親密和睦與有意義的特殊場合才會想起拍照。比如春節和其他的節日，還有生日、周年紀念、結婚紀念和旅遊勝地等，都爲我們提供了一個拍照的契機。我們在這些日子裡歡聚一起，舉杯同慶，體驗種種情感。春節是一家人團圓和睦、互示愛意的時候，拍照是留住這一感覺的方式。假期也同樣如此，家人或親朋好友整天在一起，分享快樂的時光。一九九六年，美國消費者平均每人購買了三點六卷軟片；行業分析雜誌《歐洲觀察家》估計柯達公司在這個市場上佔有了百分之八十的股份，這個驚人數字的生成，其根本原因在於，柯達清楚地瞭解軟片絕不是爲了拍照，而是爲了留住親切、和睦及意義，因此，按動快門——和打電話一樣——是帶有情感的動作，它屬於文化市場而不屬於技術市場，更不屬於物質市場。中國的軟片消費者對柯達最深刻的印象是：一個孩子因理髮而啼哭。事實上，在那些經濟水準足以支援拍照消費的地區和國家，只要那裡的人們非常注重團隊、家庭和個人情感，軟片消費量就很大。

文化的需求有它自身變化起伏的規律，用常規的邏輯很難分析推導出文化需求。在中國蕭山地區新建的民居建築群落中，你可以見到一種很奇怪的現象，即那裡絕大部分的建築幾乎是同一種結構和形式：三層樓高，四四方方，馬賽克貼面，頂上安裝有高大的（四至八公尺高）鐵塔狀的電視接收器。這種現象，用我歸結的形象發展之四階段說，是合規律的。四階段說是：初級階段爲「你有我沒有」，此階段或沮喪、或發憤、或沈淪；中級階段爲「你有我也有」，時尚在此時最爲風行，千人一面，千篇一律，一個款式好的服裝，會有上百上千萬件的銷量。上個世紀九〇年代前後，中國的服裝界就是如此（蕭山目前的建築風格，即屬此階段）；高級階段爲「你有我甭有」，此爲個性化階段，時尚已不能形成社會風貌，個個不同成爲社會特徵；頂級階段爲「我有你沒有」，很多人想成爲「獨有」、「唯一」、「只有」……其中每一階段都依規律層層上行，很難打破。

文化的需要還有無相生，有其內在的秩序和轉換的規則。在過去的數十年裡，人們對酒精、麻醉劑、香煙甚至包括性生活的消費過度。現在消費者開始對「無」進行消費，有的還成爲時尚，表現出文化的「物極必反」的規則。一些廠商把握人們的這一文化心理，將不含有某種屬性作爲市場定位。這些廠商包括七喜（非可樂）、地中海俱樂部（現代文明的解藥）、無色啤酒、無色睫毛油等，一些無煙、無酒、無葷的餐館也漸次出現。

人類的心理是這個世界最爲敏感的地區。一些事件和環境的發生和消失，會在很大程度上影響人們的心理和精神的需求，進而影響文化市場，影響文化樣式。就在二〇〇〇年，西裝領帶在西方國家退出了大半個市場，在新經濟模式下，員工們可以穿任何能激發他們靈感的服裝，當時人們太需要思想了。這場始於「矽谷」的著裝革命甚至波及到最爲傳統的銀行、諮詢公司和律師事務所。據統計，二〇〇〇年三季度西裝和襯衫的銷量跌進谷底。但是在二〇〇一年開始，受經濟蕭條的影響，西裝開始升溫。絲光黃斜紋褲和馬球襯衫則退回到週末。只有那些從沒有機會與顧客或高層人士碰面的人，仍然大膽地穿著T恤和牛仔褲。連一向隨意的美國西海岸也開始保守起來。新的口號是「講究的隨意」。新經濟的領頭人比爾・蓋茲、麥克・戴爾（Michael Dell）❶和拉里・埃里森（Larry Ellison）❷的著裝也講究起來。當新經濟退潮

❶戴爾（Dell）電腦董事長兼執行長，被喻爲世界上四十歲以下最有錢的人。
❷甲骨文（Oracle）創辦人及執行長，熱衷與比爾蓋茲較量的商業巨頭。

時，人們已不太需要自由奔放的思想，而西裝是自律和嚴謹的經典，西裝可以爲你著裝節省時間，因爲它不需要思考，穿上它就會使你看起來很不錯。

我們須覺悟人們心的需求，這種需求包括人們的信仰、世界觀、人生觀、價値觀，包括人們一系列的信念和個性化的需求，也包括人們情感互動、思想交流或需要的方式，以及民俗、節慶、生活中習慣性的需求。覺悟須直入文化，直入人們的觀念和方式，直入某一些意味，而不是樣式。覺悟還須把握文化的狀態、文化運行的規律或模式，把握使文化狀態變化的環境和條件以及它們之間互動的結構和關係，如此，我們就可以說，我們把握了文化的需求，把握了心的需求。

尋找文化認同區

既然文化是特定人群對一系列觀念和方式的普遍的認同（自覺）。文化需求就一定是一些文化認同。文化認同構成了文化市場。尋找人們認同了什麼，就是尋找文化市場。大的文化認同區已有基本認定，這裡可作參考。在全球，是南北兩個大文化圈，再分則是七大文化圈：1.非洲（撒哈拉沙漠南部）；2.印度（尤其是印度北部）；3.阿拉伯國家（從北非到印尼）；4.東亞和東南亞國家；5.東正教國家（東歐、俄羅斯和烏克蘭）；6.拉丁或天主教國家（南歐及拉丁美洲）7.北美洲和北歐（包括澳大利亞和紐西蘭）。

再細分，則爲民族文化區域。差不多每一個民族都有其文化系統。在每一文化區域裡，人們的文化個性也各個不同。譬如美國人特別好勝、好動，爲了取勝，美國人喜歡比賽，且什麼都比，這樣他們就有機會成爲第一。美國人什麼都在「運行」之中，平均每戶人家住房每四年就要搬一次，家就像個移動的寓所；法國人則特別浪漫，情感化、人性化的意味在法國盛行。凡是新鮮的東西，法國人都喜歡買一點。這使法國人總是領先時尚業，時裝、香水、藝術、音樂都很前衛，法國人大部分生活方式都有藝術意味和向藝術方向變化。而中國人更甚於法國人，他們早已使生活藝術化。一個中國人站在那裡的姿態就像時刻等著你拍照；一個中國人喝白開水，會喝出其中的種種滋味；中國人說得每一句話都是細加斟酌的，你聽上去會舒服或不舒服（這是說話者精準給出的）……這種種特質是一種文化氣質，是一種文化傾向，是一種文化認同。這種認同是文化經營，必須找出來並條分縷析，仔細斟酌，如此，我們才可能找到一個心靈的市場，才有可能發展。

中華民族對飲食很講究味道，凡是吃喝，味道如何是人們最爲關心的。一樣食物包括色、香、味、形、營養等方面，倘色、香、形和營養都是上乘，只是味兒不行，中國人很少會給它很高的評價。一種食品味道好，中國人吃得肚飽氣脹還會再吃幾口，味道極差，則可能忍飢挨餓也不吃。中國人對吃是上了境界的，其第一境界就是「味甘」。所以在中國，出售食品味道一定要好，如果你做生意，就要尊重這一認同。雀巢咖啡在世界各地的競爭對手是麥氏咖啡，在許多地方，麥氏咖啡的市場份額遠高於雀巢。上一世紀的八〇年代，這兩家公司的咖啡先後進入中國。麥氏咖啡的廣告語是：「滴滴香濃，意猶未盡」。這句廣告語曾被評爲二十世紀十大經典廣告標語之一。而雀巢的廣告標語是：「味道好極了」。結果，雀巢的影響力和銷量遠遠高於麥氏。雀巢的廣告標語，甚至成爲了中國人的日常口語。因爲在中國，每一次廚師或主婦上菜第一聲問的是：「味道怎麼樣？」，消費者和客人的回答，大多是「味道好極了！」。中國人最忌諱像藥一樣的味道，而想作弄什麼人，也稱作「給他吃藥」。因爲味道不好，是中國人最難受的感覺。如果不諳此道進口保健品，如潤喉藥「漁夫之寶」和「白蘭氏雞精」，味道實在是藥得太濃──則無法暢銷。

在找到一種文化認同之後，我們應該繼續找出這一認同的範圍，這一範圍就是我們市場的範圍。環球集團發行的《環球雜誌》多達三十六個版本，在超過一百個國家出版。環球集團發現，《環球雜誌》能發行的地方，不論哪一種語言都與一個同樣的話題有關，這就是性，尤其是女性。對這一話題，所有讀者都有同樣的興趣。

同是一種文化樣式，並不會爲每一個文化族群都喜歡乃至於熱衷的。巴西總統卡多佐曾經說過，如果巴西隊不能闖進二〇〇二年世界盃，那麼巴西就會出現嚴重的經濟危機。儘管這樣的說法有點誇張，但是巴西人對足球的深刻認同確實形成了一個很大的文化市場，對巴西的經濟產生著很大的影響。一九九八年，巴西的一家公司僅靠賣出一百二十萬件巴西隊的球衣，其銷售額就達四千八百萬美元，而該公司二〇〇二年銷售巴西隊球衣的目標是一百八十萬件。巴西電器協會的負責人表示，因爲巴西隊出線，二〇〇二年巴西的電視機銷量將會增加百分之五。按照慣例，世界盃期間，巴西的飲料、啤酒等銷量會增加百分之五十。可口可樂公司已經給擁有世界盃賽電視轉播權的巴西環球電視台支付了大筆預付款，買下了大量的廣告份額。但是足球這一樣式，在印度卻沒有多少人對它有興趣。甚至所有的體育項目，印度人都缺乏興趣。印度從來不是奧林匹克運動會的明星，二〇〇〇年奧運會上沒有獲得一枚金牌，儘管它的人口占了世界的六分之一。

即便在人們喜歡的同一種文化樣式中，其心理和精神需求也有很大的不同，感受的方式和習慣也有些區別。譬如讀報，現在每天上午日本有五千萬人看報紙，從而使日本成為世界上報紙發行量最大的國家。平均每個日本人每天用於看報的時間是四十五分鐘。他們不光看報，每個人每月還要看二點二本雜誌、一點五本書。《產經新聞》的董事長說：「與其他傳媒相比，百分之八十的日本人更喜歡看報。」（日本的《朝日新聞》加上《讀賣新聞》每天發行總量就達到二千七百萬份）

儘管德國和日本人的新聞來源都相對集中，但同日本相比，德國人讀報的時間少了十五分鐘，而且德國的新聞來源更加單一，全德國的報紙由三家報業集團控制，僅施普林格集團就佔有百分之七十的市場份額。嚴肅和單調是德國報紙的基本特徵，因為德國人不願看五花八門、花俏的東西。正是德國文化的單純性支持了它。

而美國的讀者與德國人相反，他們絕對不能容忍千篇一律的新聞。在八國首腦日內瓦會議之前，喬治・布希在英國拜會英女王的照片被刊登在《紐約時報》的頭版上，同時登在頭版上的還有一群黑人小姑娘正在跳繩的照片。經常把地方性的新聞與一些重大問題的新聞放在同一版面上，是《紐約時報》的一貫做法。《紐約時報》知道，自己的根在紐約。美國的各大報紙都注意在本地發展，《華盛頓郵報》在首都及周圍地區的滲透率已經超過百分之四十五。個性化、專業化、地方化的報紙，在美國這樣一個文化多元化的國度占主導地位有其必然性。二○○○年美國發行量排名前十位的報紙是《華爾街日報》、《今日美國報》、《紐約時報》等十家。《華爾街日報》發行量最高，爲一百七十六萬份，《達拉斯晨報》排在第十位，發行量爲四十九萬份。將這前十位報紙發行總量加起來，也只有九百二十九萬份，只相當於日本《讀賣新聞》發行量的百分之六十四。

對文化產品的經營，可以在意味、投資、樣式、銷售和服務上十分努力，文化認同對這一行業的主宰是絕對的。飯不可以不吃，而文化樣式感受者不認同，可以完全充耳不聞。所以沒有認同，就絕無市場。

音樂是一種世界性的語言，人們都認爲音樂無國界，許多著名的樂曲都在全世界被演奏，許多歌曲在全世界都可以用一個詞形容：膾炙人口。探尋和研究人們對音樂的認同，仍不能用「一視同仁」來形容。德國人酷愛音樂是有傳統的，自十八世紀以來，德國就享有「音樂之國」的美稱。世界上從來沒有一個國家像德國那樣產生過如此衆多的著名音樂家：巴赫、韓德爾、貝多芬、孟德爾頌、華格納、韋伯等等。全德國擁有當今世界最多的交響樂團，有近一千所音樂學校，差不多每兩個德國人就有一位會演奏一種樂器……但是德國人對音樂幾乎是「動手不動口」，很少出歌唱家，也不見流行歌曲傳唱。敢放聲歌唱則以義大利、西班牙和南美見多，多明哥、帕華洛帝、卡列拉斯多來自這樣的國家。歐洲古典音樂有著深厚的市場基礎，而對流行音樂很感興趣的人則既不在德國，也不在義大利，他們在英國、美國、南美各地。英國人把流行歌曲唱到了前衛的頂端，美國則是流行音樂像空氣一樣普遍的國度。德國貝塔斯曼集團早就把流行音樂的主體市場放在了美國。大部分人都想唱、敢唱，只要有可能都想一展歌喉的，則在中國。源起於日本，目的在於工作之後放鬆緊張情緒的卡拉ＯＫ，曾經在中國各大、中城市風行，人們踴躍參加各種卡拉OK歌唱比賽，看見一張張如此認眞的面容，站在簡陋的舞台上，誰都能感受到這裡的人是多麼想唱，也多麼敢唱。在中國，唱歌幾乎成了人們的風俗。不論是陝西的老漢酒後哼著小調，雲南的少數民族以對歌方式求婚，江浙一帶上了年紀的人聽著越劇、錫劇，還是大型的廣場音樂會「同一首歌」，都有那麼多的人投入。當你聽到人們在工地、在廚房、在洗手間、在收音機旁哼著小曲忙著各種各樣的活時，你一定會感到流行音樂和民族傳統戲曲在中國市場的廣大。

對文化認同的探尋更重要的是觀念和態度，而目前，對文化的忽略卻相當嚴重。一個非常令人遺憾的事實是，一些南方的發展中國家（包括中國），正在請一些西方諮詢公司爲旅遊、傳媒、娛樂等行業的發展做戰略規劃或項目設計，其結果自然使民族的文化精華大量流失。這些公司在工程、技術、管理方面確有深厚的理論和豐富的經驗，但是這些理論和經驗不是應對文化產業的，它們在文化、文化感知能力，以及對南方文化的通透方面，即使不是一無所知的話，也只是略知皮毛而已，根本無法將民族文化中最優秀的一面表現出來，更不要說提升了。在中國，像故宮、敦煌、長城這樣的世界文化遺產，他們幾乎只能感到驚歎和欽服，即便是對於像杜甫草堂、江南民居、貴州儺面這樣的東西，他們也無法覺悟到其中的文化意味和精神，更無法解讀諸如京劇或相聲的審美結構和意味。我們怎麼能讓他們，他們又怎麼敢做中國旅遊景觀、百年老街之類的發展戰略和項目設計？一些從事經濟諮詢的公司，竟然在不知道心經濟爲何物的背景下，也爲心經濟、爲文化產業做諮詢。這種爲了贏得利潤而肆意踐踏心經濟之規律，破壞文化遺產的行爲，令人痛心不已。

西方當代最著名的美術史家、美學家和古典學者貢布里希（E.H.Gombrich，1909—）在他所著的《藝術的故事》中，對西方人解讀中國畫中的意味作了這樣的論述：「……中國在十二世紀和十三世紀最偉大的風景畫中所蘊涵的意圖，我們不易再去體會那種心情，因爲我們是浮躁的西方人，對那種參悟的功夫缺乏耐心和瞭解——我想我們在這方面的欠缺之甚絕不亞於中國古人在體育訓練技術方面的欠缺。」作者引用這句話的目的，一是希望那些諮詢專家尊重文化，尊重文化規律，保護文化的價值（中國一些文化樣式正在被西方諮詢公司的規劃所抹殺）；二是做文化產業必須對文化深入參悟，猶如中國古代的高僧，直至覺悟了才去做，因爲這畢竟關涉極其珍貴的數千年的文化遺存；三是對文化的探尋，也需要這樣一種態度——尊重而且深入精微，不然，成功將很渺茫。

把意味推向極端

當我們知道人們的心理和精神需要是什麼，在什麼區位時，我們已經清楚，我們將提供何種意味以及相關的意味族群了。它們或是驚險、快樂、休閒，或是幸福、友誼、忠誠、優雅，或是衝突、暴烈、悲壯、憂慮，或是各種意味的錯綜複合。當這一意味或意味族群被確定下來以後，這一文化樣式的個性也就初具印象。然後，我們將用全球視角對這一意味進行定位，分析出這一意味在全球文化狀態中被認同的可能性（市場前景），確定它個性上的獨特、深刻、複雜的程度，以及成爲經典的可能性還有及其方法和途徑。以下就是成功塑造文化個性的六個方法。

一是個性極致。酷，是表達這一主題最好的概念。MTV的個性從來沒有變化。首當其衝的是它必須「酷」；其次，它不能不「酷」；再次，它只能「酷」，用一句兒童語言，「它酷斃了耶」，才行。如果說世界上有一種「酷」的強制力的話，經營MTV的公司就是它最有力的執行者。在這裡，個性不僅是極致，甚至是極端，每一種個性都達到頂點。英國樂隊Coldplay（酷玩）的音樂是清澈的，清澈得可以讓你在空靈的感覺裡俯瞰世俗，清澈得讓你覺得他們表達愛和情感的方式有些靦腆甚至木訥，似乎他們不是來自這個凡俗的世界。這種純粹使你感受到了眞誠，這種眞誠又使你感動不已，心頭發酥。當純眞進入一個人的心靈深處時，會讓你感動。酷玩樂隊是有個性的，它區別於大多數以搖滾發洩著對世俗不滿的樂隊，那些樂隊傳達出一種焦慮和憤恨，而酷玩樂隊展示了世俗的另一面——純眞。

我們必須在個性上鮮明地表現出「我是誰」。當代最成功的服裝設計大師拉爾夫．勞倫(Ralph Lauren)[3]說：「我的每一件作品都強調個人意味——一種個人感知力，我能感覺到，這就是『我是誰』。」消費者每年爲拉爾夫．勞倫的設計支付五十億美元，是因爲他穿透了文化與時空，把非洲遠征的雄風、英國貴族的氣息、巴黎露天咖啡館的情調、俄羅斯革命者的悲壯、東方深邃的歷史感，以優雅的品味，雖不經意而又匠心獨具地結合在一起，充分地說明了「我是誰」。

二是差別化。「另類」是對差別化更形象的表達。差別化就是與日常不同，與當下不同，

[3] 美國著名服裝品牌POLO的設計者。

與同類不同。浙江橫店集團數年來投入鉅資，決心將橫店建成中國旅遊勝地，以影視基地招攬遊客，並每年大張旗鼓舉辦農民旅遊節，結果自然是大失所望。因爲在農村（橫店）辦農民旅遊節，是同類同質，不會有多少遊客前往。二〇〇二年冬奧會在美國鹽湖城舉行，印第安部落希望借此推出他們的居留地來吸引遊客，由於印第安部落文化與日常、當下和同類的不同，一定會吸引人們前往。一九九九年僅美國就有五千三百六十萬成年人參觀過博物館和古代遺址。

如果是同類產品，我們也應該使它「另類化」。瑞士手錶製造商 SWATCH 的手法就是如此。SWATCH 自一九八三年面世以來，已經售出二億多隻，目前已成爲世界上最大的手錶製造商，它們的策略就是使 SWATCH 手錶與傳統手錶差別化：塑膠的（非金屬的）、時尚的（非傳統的）、形色各異的（非千篇一律的）。SWATCH 只出過一款金屬表，名字叫做「諷刺」。當熟悉「SWATCH」個性的消費者看到這一款表時，對其中的意味瞭然於心。SWATCH 手錶與傳統手錶不同，在龐大的手錶族群裡，其意味也不同，雖然數量衆多，但個性鮮明，界限一目了然。

差別化、異質化和另類，是文化產品爲人們有所感覺的一種必備要素，類同是文化產業經營之大忌，須全力避開。

三是成爲唯一。爲了慶祝澳大利亞聯邦成立一百周年，同時也爲了紀念澳大利亞國家圖書館的百年華誕，二〇〇一年十二月七日，「人間珍寶」大型展覽在澳大利亞首都坎培拉開幕，參展的一百五十件展品來自世界二十多個國家的三十五家著名圖書館。只要你流覽一下其中的珍品名單，你就會興致勃勃地前往參觀，因爲大多都是「唯一」的世界珍寶：愛因斯坦的《相對論》和達爾文《物種起源》的手稿；美國黑人民權運動活動家馬丁·路德·金著名講演《我有一個夢》的原始列印稿；莫札特《安魂曲》和貝多芬《第八交響樂》原始樂譜眞跡；英國作家簡・奧斯丁、查理斯・狄更斯和法國科幻小說家凡爾納的小說手稿；還有中國三千餘年前刻有文字的獸骨……

一種最爲理想的市場狀態，是你的產品在這個世界上是獨一無二的、唯一的。這種位勢，從理論上講，所有這一意味的消費者，都將是你的。中國的武術是人類唯一的文化樣式，目前國內有一萬餘家武術學校，其營業收入已達到一千億元人民幣的規模。隨著文化需求的轉移和心時代的到來，在今後二十年內，中國武術將會成爲一個巨大的產業。

由於眞理只有一條，經典只有一個（每一類每一層次的），深刻也只有一層，而人們的動心也只可能在最深刻、最個性化的層次上發生（感動大多發生在未曾麻痹和日常情境難以到達的地方），所以文化產品爭奪全球普遍認同唯一或第一的位置將日趨激烈，但是很快又會趨於平靜，因爲唯一將壟斷這一意味消費的大部分市場。

四是成爲第一。唯一畢竟是稀少的。人類有極爲豐富的意味需要，又有那麼多人在塑造意味，如果你無法成爲唯一，那就應當努力成爲第一。ＩＴ行業有一條規律：世界第一就能夠自動獲得全球市場份額的百分之六十，這條規律在文化產業裡可能表現得更強烈。二十年前，美國搖滾樂歌手恨不得殺了麥克・傑克森，因爲美國的聽衆認爲，只有傑克森的演唱才是眞正的搖滾音樂。其實這種心情何止是美國的搖滾歌手有，世界各地的搖滾歌手都會有一點。當傑克森的唱片在中國出售時，中國搖滾樂歌手的唱片大多黯然退出市場。第一本身就是「熱點」，就是人們的興奮點。因爲第一，飛人喬丹的年收入曾經是一億美金，外加二億美金的廣告收入，同時，喬丹也給NBA帶來了一百億美金的收入。在退出NBA三年後，二〇〇一年十一月十一日晚，喬丹在巫師隊與活塞隊的比賽中再次復出，有二萬零七十六名球迷來到體育館，爲他捧場。比賽期間，「我們要喬丹」的陣陣尖叫聲幾乎掀翻體育場的頂棚。如果喬丹拒絕復出，活塞隊的經理們說：「那我們將經歷一場退票的噩夢。」

二〇〇〇年，高爾夫球賽的頂級人物老虎伍茲的收入爲一億二千萬法郎；二〇〇一年，法國球星席丹轉會至皇家馬德里隊，轉會費爲七千多萬美元；同年捷克的冰球運動員亞羅米爾·亞戈爾與華盛頓冰球隊簽下了爲期七年、年薪八千八百萬美元的合同……雖然這些文化經營公司付出很多，但他們的收入更多。二〇〇二年世界盃期間，日本隊小組賽、半決賽、決賽的套票售價高達一百五十二萬日元（約合人民幣十萬六千元）；皇家馬德里隊在購入席丹後，當天晚上，印有席丹名字的五號球衣就投向了市場，每件球衣售價高達八十美元，銷售勢頭非常好，俱樂部希望這次能售出五十萬件。僅出售本次轉會儀式的電視轉播權俱樂部就得到了一百多萬美元。而老虎伍茲二〇〇〇年英國高爾夫球公開賽的最後一輪比賽，買票到場觀看比賽的觀衆達到了二十三萬，僅美國的電視觀衆也有二千八百萬。可見，第一擁有相當高的價值和吸引力。

想方設法、竭盡全力使你成爲「第一」，這是文化產業競爭的首要戰略，其意義和價值無論怎樣說，都不會誇大。哪怕是一句話、一個符號、一種樣式，你必須搶在第二以前說出來、表現出來。玻利維亞新總統基羅加剛上台五天就惹來麻煩，國內一家媒體指責說，他就職演說中的很大一部分內容與美國前總統甘迺迪的演說驚人地相似。例如，基羅加說：「如果一個自由社會無法幫助占人口大多數的窮人，她也無法挽救占少數的富人。」甘迺迪說：「如果一個自由社會無法幫助大量的窮人，她也無法挽救少數的富人。」「第二個說」的位置使基羅加總統信譽大跌。

五是構築經典。人類各族群的文化基本穩定，人們的價値觀、世界觀、人生觀、信念、個性是穩定的，一些文化氣質性的東西是穩定的，甚至一些人們交流的主題，一些風俗習慣在千百年裡都得到了傳承並繼續存在。人性的一些基本的東西也是恆定的，像愛情、友誼、忠誠、妒忌、驕傲、自卑等由來已久，來日悠長。這一切都爲經典的形成提供了時間的保障。經典也一定是在一些穩定的文化認同中產生的。二〇〇一年十二月，貝多芬的《第九交響曲》被聯合國教科文組織列爲世界文化遺產。這是第一份列入世界文化遺產的音樂作品。以著名的《歡樂頌》收尾的《第九交響曲》，在世界文化中被廣泛認同。二百多年來，貝多芬的音樂已傳遍全世界，今天世界各地每天二十四小時都有人在播放他的曲子，因爲他反映了人類基本的思想和情感。

經典是在心理和精神上最大限度地滿足人們根本性需求的產品。賓士車是高級、權力、地位和嚴厲等意味的混合，在這一意味族群裡，賓士表現得最爲經典，於是需要表現出高級、權力、地位、嚴厲等混合或類似意味的族群，就會買賓士車。在世界各地的權力機構中，賓士車是人們的第一選擇。雖然有許多轎車的設計也代表了權力和地位，但是它們的形象表現得可能還不夠充分，不是顯得不夠嚴肅，就是顯得精神不足。

經典的持久性還取決你有沒有留下可以發展的空間給別人，如果你沒有到達某種意味或意味族群的頂端，那你就有危險，因爲你的競爭對手會進入這一空間，並取代你。中國書法數千年的歷史中大家輩出，其中的顏正卿、趙孟頫、歐陽詢和柳公權寫出了四大楷體，至今仍是經典，尤其是顏正卿的顏體，其簡約、端莊、沈穩、雄渾之氣到今天也無人能超越。千百年來，人們臨摹學習不斷，是因爲這些意味的表現在顏氏手中達到了頂端。

中國文化中情感覺悟的唐詩宋詞，德國文化中向外認識的科學、哲學思想，印度文化中精神覺悟的宗教，都是一種文化的經典，研究它們的形成過程無疑爲人類創造經典提供了極好的觀念和方法。

在心經濟、心時代裡，我們不必去問我們有多少錢，而必須去問：我們手上有沒有文化經典？有幾個文化經典？經典就如在身經濟時代在你的國土上發現了大量的石油、黃金或鑽石。事實上，經典比石油更有價值，生命力也更久。《論語》和《紅樓夢》的壽命一定比磚頭和鋼鐵更長久，米老鼠會陪伴好多代兒童成長。

六是更新鮮。時尚和經典的區別，在於時尚存在的時間較短，且滿足人們心理和精神的需求較爲淺顯。如果不能成爲經典，人們就會去做時尚，做那些非常新鮮的、滿足人們一時一刻的態度或情緒化的東西。與經典的深刻、恆定不同，時尚求變、求新、求奇，多是風頭產品。時尚的壽命之短幾乎像新聞一樣，在這個內容豐富而變化迅速的世界裡，很少有人會如飢似渴地去讀一張上週的報紙。玩笑會馬上過時，時尚隔天就會落伍，人們馬上會變得厭倦。一般化的意味已很難吸引消費者。保持新鮮、絕對新鮮、天天新鮮，才能吸引人，這是時尚類文化產品的取勝之道。

近年來偶像組合在世界歌壇發展迅速，他們性感帥氣的造型，充滿動感的表演傾倒了無數的歌迷。音樂經理人看準了這一市場，不斷推出新組合。「九十八度」、「辣妹」、「聖女」、「優格男孩」、「五人組合」、「接招」、「街頭頑童」、「後街男孩」、「原子少女貓」等青春組合層出不窮。實際上，與十年前的「街頭頑童」和「接招」相比，如今的偶像組合無論在形象上和歌曲內容上，都沒有本質的區別，他們只是「新的」組合而已，這些人吃的也是青春飯，青春一過，便打道回府。一般而言，偶像組合的壽命也就是五年左右。明星紅極一時現在只有幾個月，時裝只有三、五天，網站只有幾小時……

沒有哪一種時尚的因素會在市場上不朽。一家公司的產品與上一個差不多是遠遠不夠的。人們需要更新鮮的東西，這樣才會讓人們感動。當史帝芬·史匹伯把在陽光斑駁的樹林中跑來跑去的恐龍展示給我們時，當詹姆斯·卡麥隆在《鐵達尼號》中把愛的情感推入更為深刻的境地時，喬治·盧卡斯知道，《星際大戰》序篇和《幽靈之險》所要表現的底線又向深邃而神秘的方向移動了不少，他必須把人們帶到更爲神往之境地，而且更令人信服。迪士尼的《泰山》問世後，《花木蘭》被迫走得更遠。你想從事時尚業並期望功成業就，就應該從這一底線開始，你必須有能力拿出更新鮮的東西，並且持續……

當一文化形式（產品）的意味已經被人們廣泛認同，當經典已經構築完成，那麼，護持住意味或意味組合是文化經營者最重要的一項日常工作。因爲這是公司業務持續的源泉和靈魂。在我們的目標消費者沒有變化以前，我們的意味應當被護持住。二〇〇一年，中國杭州市統計局的一項統計表明，杭州在國內主要旅遊城市中的排位逐漸後移，截至二〇〇〇年底，接待境外遊客數不僅繼續列在廣州、深圳、北京和上海之後，且被珠海和桂林超過，由全國第五位退至第七位，與第六位桂林的差距達百分之二十五點六。杭州向來以湖光山色吸引國內外遊客，西湖和孤山是杭州之所以成爲旅遊城市的根本理由。但是近年來，杭州市在西湖和孤山四周建起大樓叢林，被圍在建築群中的西湖和孤山立刻失去「湖光山色」之意味，趣味喪失，淪落爲「城市公園」，而一旦失去西湖和孤山的特質和氛圍，則遊客便會去桂林找「湖光山色」，去上海找「城市公園」（如上海世紀公園）。

我們護持的是意味，不是杭州，不是西湖和孤山，而是西湖和孤山的湖光山色，是這湖光山色中的獨特的氤氳氣息、形態、意味和精神。二〇〇一年十月，阿根廷足協宣布，將封存國家隊和國家青年隊的「十號」球衣，以此向著名球星馬拉度納表示敬意。事實上，阿根廷足協是在將「十號」球衣所帶來的種種意味保留下來。「十號」球衣陪伴著馬拉度納在阿根廷青年隊、國家隊度過了二十個春秋；陪伴他在國家隊的一百三十八場比賽中打進了六十一個球；陪伴他在一九八六年墨西哥世界盃上伸出「上帝之手」；當然，也陪伴他經歷多次指控。這裡既有榮耀也有恥辱，這一意味族群完全可以警示和激勵後人。從新聞集團、迪士尼到可口可樂、芭比娃娃的經營者，沒有誰可以對意味掉以輕心或置之不顧。如果他們希望他們的事業繼續，他們時時都會緊張地注視著這一系列意味在人們心中的變化，他們護持著、鞏固著、加強著這一系列意味，讓人們的心靈獲得最爲充分的滿足。如果這一意味虛脫了、淡化了，那麼它們的價值就會降低。這個原理有助於解釋當帕華洛帝決定在廣場上唱響歌劇時，爲什麼會有那麼多人反對。因爲這將削弱歌劇「正式」、「莊嚴」和「豪華」的意味。當設計師皮爾・卡登授權八百種產品使用他的名字作爲商標時，皮爾・卡登就失去了作爲時裝（一種高貴的、經典的服裝）的意味。特別是連瓷磚和衛浴設備都用上了「皮爾・卡登」的商標時，它只是一種記號而已，作爲時裝的意味已被掃蕩得一乾二淨。

意味要落實在樣式上

意味是一種文化和個人對某一形態的反映。意味存在於受衆與實在之間。意味是虛的觀念和方式，它附著於某種物質形態。當某種意味的樣式被一種文化或多種文化甚至全球文化順利解讀時，這一製作就成功了。如果一個（組）理想的意味被製作出來，並爲各文化族群認同，其價値就難以估量。世界十大著名品牌其無形資產就在百億至數百億美元之間。二十一世紀，世界最大的文化資源就是你擁有多少意味的形態，它們有多少深刻性和被多少人認同。意味存在於某種符號、樣式、場景和狀態，不然，人們無法感受。將意味落實在樣式上是一項非常廣泛、深刻和複雜的設計和製作，本節只講一些大概，拋磚引玉而已。

好的文化樣式其特質的運用非常精準。樣式所表現的明朗就是明朗，陰謀就是陰謀，粗獷就是粗獷，細膩就是細膩，非常的精純。影片《水世界》中人物的著裝、飾件、所有道具，包括所有人的肌膚，都表現出長期海上生活、風雨侵蝕的痕跡：結垢的服裝、乾裂的嘴唇、粗糙的皮膚，滄桑感立現。

由於中國將迎來世界文化消費的高潮，恢復中國文化風貌的工程已在各地展開，文化工作者雖然提出了「修舊爲舊」的建議，但事實卻相去甚遠，至少完整、和諧、精準的恢復不多。

一些江南古鎮什麼質地的材料都用了，從馬賽克、不銹鋼到霓虹燈，民族文化風貌卻蕩然無存。中國川、揚、京、廣菜系中一些代表性的百年老店，現在已經被改造得面目不清。踏進門去，立刻就有一種不倫不類的感覺，裝潢是非常的精緻，但氣質和風格雜亂得厲害。廊柱是西式的，牆飾是中式的；牆布是西式的，桌子是中式的；餐具是中式的，菜肴是西式的。好比一個人，頭戴八角帽，脖繫一條領帶，上身穿一件西服，下身著老式褲衩，腰束布帶，腳上皮鞋發亮，襪子卻沒有穿，惡俗透了。一些古鎮，剛剛修復，氣候地理還沒有接上，看上去是一堆磚木而已，了無生氣。牆根邊上不見青苔，石板縫中沒有草兒，三五棵手臂粗的楊柳，一看就是現代版的古鎮。這種修復，斷了自然環境，斷了歷史，也斷了人文風貌。歷史和環境養成的自然和人文風貌需要細緻地去恢復，任何一點粗糙和漫不經心都會成爲敗筆，讓人們在感受文化時，大倒胃口。

好的文化樣式其符號意味要清晰，一望便知，無須作任何解釋，人們便知道它說了些什麼。一棵千年古銀杏，其歷史不言而喻；潺潺的溪流聲，使人置身自然；一束竹簡，上刻漢隸，映出當時的人文心態；一座自由女神像指出了這是美國。依據要表達的主題，集中、整合、改變一些符號，可以使我們表現的意味凸現。譬如做卡通片，其目標消費群是兒童，形象要可愛是第一要素。大多數卡通片作者深諳其中的道理，他們將卡通片中的主角設計成傻而可愛的形象，憨態可掬而又聰明伶俐。腦袋大大的、圓圓的，與身體不成比例，鼻子寬寬的，額頭高高的，這些特徵都是動物幼子的嬰體特徵。與成人比，幼兒的形象是誇張的。這種形象容易引起人們的愛憐之心。日本動畫人物「皮卡丘」就是其中的經典。

清晰的符號須充分展示意味，在意味改變時，符號也應當隨之改變。符號要跟隨意味，因爲人們消費的是意味，而不是符號。歌壇巨星瑪丹娜是一位頗有爭議的人物，其個性豐富，意味也複雜多變，這是因爲她很好地應對了一種文化市場的需求，並以恰當的符號表現出來。今天，她仍然是四十歲左右的女人最爲崇敬的演員。一九八三至一九八四年間，她以金髮碧眼的壞女孩、網狀的露臍裝和嬉皮士的裝飾品，伴隨著一系列的歌曲走紅，從而一舉成名。一九八五年，她開始向自己所崇拜的物件瑪麗蓮・夢露靠攏，她以整齊的波浪狀金髮、鑽石首飾、貂皮披肩和時髦昂貴的服裝出現。一九八六年，她重操脫衣舞女舊業，選擇了蜂刺狀的金黃色的短髮，穿黑色緊身衣。一九九三至一九九四年，瑪丹娜開始以純潔無瑕的形象出現，她的歌詞中少了許多昔日的狂放。她選擇了黑色直髮，看上去像個大玩偶。一九九八年，已經做了母親的瑪丹娜轉世投胎，所演唱的歌曲從內容到形式都開始追求深度，留著黑色長髮，穿上古典的黑色長裙，舉止談吐也變得得體大方。二〇〇〇年，瑪丹娜扮演了電子時代的現代女性，她以硬朗俊秀的牛仔形象表達著這一個性。總之，清晰而確切的符號使人們感覺到瑪丹娜的變化以及人們對她變化的喜歡。

好的文化樣式可以讓人們非常順暢地進入理想的境地，無論是其符號過程、結構還是氣氛，都應當完美地體現出某種意味或意味組群。牛仔專賣店點綴以馬具、稻穗、蘆花等，就足以說明力量、年輕、自然、質樸和舒暢的個性意味。色彩作爲符號的一種，非常有力地表現出時代和故事的背景。如《純真年代》爲了表現十九世紀七〇年代紐約上層社會中被禁止的愛情，影片採用黃灰混合的色調，反映了當時傳統的社會價值觀：雅致、柔和、得體，甚至壓抑。《教父》一片則採用了深暗的調子，使影片充滿陰森的氣氛，讓人壓抑得透不過氣來，色彩爲影片提供了黑手黨的特質和基調。

茶藝和茶道是文化意味在其展開過程中的一個很經典的樣式。西式咖啡和用餐有很多禮儀，但它無法進入到精神境界。而東方，尤其是中國的茶藝和茶道，其過程之設計相當用心，舉手抬頭間，將意味一一展露，很是到位。人們在感受整個茶藝、茶道的進程中，身心一路得到滌蕩、昇華。我們僅以世俗的武夷山岩茶爲例，茶藝過程大致爲：一是焚香。以沁人心脾的幽香，使人心安定、入靜，準備開始心的放牧；二是聞音。一曲《春江花月夜》緩緩而至，絲竹之聲，清新拂面，使人悅若隔世，漸漸進入閒適、空靈之境地；三是賞景。室內「青山茅屋白雲中，汲水煎茶火正紅。十載不聞塵世事，飽聽石鼎煮松風」。元代詩人葉顒的《石鼎茶聲》所描述的景象讓茶客彷彿置身世外桃園，可居可遊，理想的環境觸目即是；四是鑒器。適宜而上品的茶具值得一看。尤其是紫砂壺，其泥質、壺形、神韻、裝飾、適用性，都可把玩一番。「操千曲而後曉聲」，從中養育哲學思想、茶人精神。

如此一路，還有觀茶、沖泡、淋壺、聞香、傳盅、品茗、含英、探底等樣式，配合「大彬沐淋」、「高山流水」、「烏龍入海」、「鳳凰點頭」、「鯉魚翻身」說詞，茶客從香、聲、景、器、茶葉、水及主人神定氣閒的表情、舒緩的節奏和優雅的舉止中一路被引領，進入「天人合一，物我玄會；道法自然，保合太和；滌除玄鑒，澄懷味象」的精神領地。以茶藝、茶道舉例，只是說明一種文化樣式（包括電影、戲劇、主題公園等）延展過程的本身，就是一種氣氛、風格或意境的展示。它使人們漸次進入，層層推進，終於豁朗。

意味落實在樣式上，其中的又一層涵義是，文化樣式的結構也應當充分地展示某種意味。古人作文講起、承、轉、合，這樣的結構現在看來，很符合讀者閱讀的心理運動規律。宣傳心理學研究表明，人們對文章、講話首、尾所表達的觀點，最容易記住，而中間希望有深入、有起伏、有變化。起、承、轉、合非常體貼地給讀者圓滿的心理歷程。

北京的天壇是以結構體現意味的經典。天壇是世界級的精品，其主題是讚頌至高無上的「天」，採用種種表現手法都是爲了渲染天的肅穆、偉大與崇高。其中結構所表現出的這一傾向尤爲強烈。天壇東西爲一千七百公尺，南北爲一千六百公尺。有兩重圍牆，南面方角，北面圓角，象徵天圓地方。天壇內建築密度很小，以示開闊。兩重圍牆只有一公尺多高，對比出圜台的高大，也不至遮擋人的視野，望去境界遼闊。長達四百公尺、寬三十公尺的丹陛橋和新年殿位勢也高出周邊的地面，給人以與天接連的效果。內牆不在外牆所圍位置的正中，而向東偏移，建築群縱軸線又從內牆中線繼續向東偏移約二百公尺，加長了從西門進來的距離。人們在長長的行進過程中，感情漸漸變化，似乎感到離人寰塵世愈來愈遠，離神祇則愈來愈近。空間轉化爲時間，遠人近天的感覺出現了。天壇圜丘晶瑩潔白，襯托出「天」的聖潔空靈。圓形的祈年殿，三生簷、攢尖頂，覆青色琉璃瓦（爲了製成這種青色琉璃，專門研製了這種「天壇藍」），層層向上，總高三十八公尺，青色屋頂與天空色調相融，圓頂攢尖與藍天一體，構成人與天相親、相敬、相近的意象。

讓樣式表現出精神

當我們對人們的文化需求已經很通透時，我們知道這是一種什麼意味或意味組合，我們也知道我們塑造的意味是一個怎樣的水準，然後，我們開始用一種具體的文化樣式讓它表現出來。在很長的一個歷史時期，我們的注意力大多集中在物質的層面上，衣食住行都很實在，基本是爲了滿足身體的需要，現在，我們必須作一些轉移，使我們對文化的感覺靈敏起來。現在，衣食住行已經表現出些許意味，各種文化樣式則更應該表現出意味來。因爲所有的文化樣式都只是意味的載體，意味是內容，而樣式是形式而已。沒有意味的樣式，毫無意義和價値。即便是設計一幢別墅，我們理解它是一幢建築，但它還有風格，還有一定的意味，如果作更高的要求，它還應該有一種精神。作爲一種文化樣式的設計，它一定是爲個性、風格、意味和精神而展開的，使每一點、每一劃、每一個細節和樣式都爲實現意味而存在。凡是阻礙、損害、影響這一意味的因素則將它刪得一乾二淨，如同作文一樣，不能游離主題，所有在創制樣式時的取捨增刪都是爲了使意味鮮明起來、強烈起來、極致起來。以下分別就命名、符號、樣式、場景、狀態、氣氛和故事，講講文化形式的設計。

命名：一個好的名稱，已不僅僅是個記號而已，恰切而有精神的名稱，會牽扯出一連串的想像。許多產品因名稱而暢銷。雪碧作爲一種夏天的飲料，涼爽而清澈、潔淨的聯想，使其銷路在中國始終壓倒七喜（儘管在世界各地，七喜的銷量大多高於雪碧）。綽號「答案」（Answer）的ＮＢＡ費城七六人隊的球星艾佛森，最近被其好友布萊克蒙告上法庭，據布萊克蒙稱，一九九六年艾佛森曾與其達成口頭協定，布氏可以從爲艾佛森起的綽號「答案」的收益中拿到百分之二十五的傭金，但是至今艾佛森的承諾沒有兌現。我們知道，ＮＢＡ球星綽號繁多，比如

「俠客」歐尼爾、「白色巧克力」傑森。綽號經營最成功的當屬「飛人」喬丹。他在與耐吉公司的合作中，獲得了上億美元的廣告收入，而耐克公司也通過經營「飛人」（AIR）系列運動鞋，稱霸美國運動鞋市場十幾年。一九九六年，艾佛森與銳步公司簽約，銳步不久推出了第一款「答案」運動鞋。隨著艾佛森在ＮＢＡ的名聲日隆，「答案」第三代已名列美國十大熱賣運動鞋之列。從「答案」的市場前景看，如果布萊克蒙打贏官司，他將可以拿到「答案」千萬美元以上的傭金。

一個理想的名稱，應當被特定消費族群的文化認同。如果不能在文化與名稱上接通，則這一產品的市場前景一定會相當渺茫。男用香水始終避開香水這一名稱，大部分男用香水冠以古龍水、除臭劑等，因爲男女有別這個概念在大部分文化圈裡有很深刻的認同。許多東西在文化中有伸縮和模糊的許可，譬如房子可以大一點、小一點，色彩可以濃一點、淡一點，但是人的性別絕對不可以男一點、女一點，性別在人們的觀念中大多涇渭分明。當香水緊密地與女人聯繫在一起的時候，男人用的香水就很難共用香水這一名稱了，甚至香味都有了分開的必要。一個男人身上有什麼味都不會影響到人們對他性別的認同，哪怕是一種惡臭，也沒有人會否定他的性別。但是一個男人用的香水過於芬芳，則人們會懷疑他在性別上出了什麼問題。男性也不易同「小」字相聯繫，一種男用服飾，曾被冠名「小羅宋」，並以「男人的世界」作廣告標語，結果可以想像，因爲沒有一個男人願意做「小男人」。

美國埃克森石油公司改用今天這個名稱時，曾經查閱了一百二十多種語言，在沒有發現與「埃克森」（Exxon）這一名稱有歧義或貶義時，才決定起用。這種態度更是做文化產品命名時應當提倡的，因爲名稱是叩開心靈之門的鑰匙，我們應竭力使它合絲密縫，順利打開文化市場之門。

要素：在文化設計裡，什麼都是要素，聲音、光線、色彩、形式、形態、空間、平衡、運動、發展、張力是要素，一杯水、一張紙、一點頭、一抬足、一縷風、一絲雨也都是要素。文化樣式中的每一種存在，無論有形還是無形的東西，都須小心運用，創意組合，以體現意味。

當希望一頓美食慢慢地被享用時，先可以請客人寬衣、潔手，在飯前遞上一盆瓜子以後，人們的心情會鬆弛下來，進入一種閒適的狀態。中國作曲家譚盾先生打通了水、音樂和人類情感的關係，以對水與人類關係本原、純粹的覺悟和創意，使人們對《臥虎藏龍》的音樂有了深切的感受。手機鈴聲個性化已經成爲時尚，因此手機鈴聲的下載業務正在蓬勃興起，豐富的個性化的鈴聲在市場上極爲暢銷。日本時尚一族簡直對下載手機鈴聲著了迷，十六歲的川口雅子說：「我不太喜歡打電話，但每月至少要改變手機鈴聲一到兩次，這是個時尚問題。」全世界的手機商正在搶占這一市場。目前鈴聲銷售搶先的是全球最大的手機製造商諾基亞，據它預計，到二〇〇五年，鈴聲業務將給它帶來數十億美元的利潤。

一種成功的要素運用，可以使人們激動不已並終身難忘。深沉而豪放的俄羅斯人，對於在慶功時施放禮炮鍾情不已。尤其是對於參加過衛國戰爭的老戰士們來說，每一次親歷莫斯科城上空鳴放禮炮，都讓他們難以忘懷。一九四五年五月九日，爲慶祝偉大衛國戰爭的勝利，前蘇聯政府準備了千門大炮、數百座對空聚光燈站和數十隻高空氣球。晚上十點，克里姆林宮的鐘聲在紅場上空敲響，禮炮齊鳴，每一響禮炮都有著不同凡響的意義：「阿芙樂爾」、「閃電」、

「紀念日」……五彩光帶劃破長空，勝利的旗幟迎風招展……那天，禮炮共鳴，放了三十響，令人迴腸盪氣；那天，莫斯科人通宵未眠，直到清晨。

一些最重要的要素，會在要素群裡提鍊出來，成爲一種文化樣式的標誌和象徵。米老鼠作爲華特·迪士尼的卡通片的代表人物，幾乎成了迪士尼的象徵，成了動畫片的象徵。這個意味十足的小動物，從不蓄意傷害他人，常常遭受天妄之災，而每一次又能平安度過。一九三〇年以後，米老鼠成爲家喻戶曉的人物，義大利人叫它「Topolino」，西班牙人叫它「Miguel Ratoncito」，在瑞典則是「Musse Pigg」。世界上許多人不一定知道華盛頓是誰，但一定知道米老鼠是誰。在日本，米老鼠是僅次於天皇的第二號知名人物。

一些個性鮮明、意味獨具的象徵，可以被廣泛地商業化。一九三二年，華特·迪士尼雇用紐約商人凱門，研究如何充分利用米老鼠的商業價值。雖然授權使用商標已是當時常見的作法，但華特·迪士尼藉助米老鼠將這一做法發揮得更徹底。當國家乳品公司（National Dairy Products Company）被授權生產米老鼠蛋捲霜淇淋時，首月就賣出了一千萬份。

不過，文化產品要注意防止一些禁忌的要素在樣式中出現。各個文化族群都有他們極其忌諱的東西。一些禁忌的東西干擾了我們所要表達的意味，而且它們確實令人不快。美國科學家在二〇〇一年十二月二十二日出版的《英國醫學雜誌》上發表的研究報告指出，認爲數字「四」不吉利的部分華人和日本人，在每個月號的死亡率比平常明顯要高，其中死於心臟病的幾率特別高。對「四」沒有禁忌的美國白人則沒有這種現象。美國加州大學聖達戈分校的科學家調查了一九七三至一九九八年間近二十一萬名華裔和日裔美國人以及四千七百多萬美國白人的死亡證明，研究了他們的死亡日期，結果發現，每個月四號，華人和日本人死亡人數比其他日子明顯增加，其中死於慢性心臟病的人數高於正常死亡人數百分之十三。

樣式：一些成功的樣式是把種種意味供給人們，最直接的方法是製作紀念品。印度阿格拉地區的泰姬瑪哈陵，可謂舉世聞名，它濃縮了印度博大精深的文明。印度總理瓦傑帕伊二〇〇〇年對來訪的美國總統柯林頓戲說，世界上的人可以分為兩種，一種是去過泰姬瑪哈陵的人，另一種是沒有去過的。柯林頓當時大笑，幽默地稱，自己很高興馬上就要成為第一種人了。印度人運用各種材質將泰姬瑪哈陵做成旅遊紀念品，賣給來自世界各地的旅客，這樣的紀念品永遠有人要。

在意味比較豐富時，我們可以把它們巧妙地組織或連續，使一系列意味族群為消費者立體感受。二〇〇一年九月九日，莫斯科開通了全俄第一列文學列車——「波利亞納號」，在樂隊的伴奏下，滿載乘客駛向大文豪列夫．托爾斯泰的故鄉波利亞納。「波利亞納號」從此將運送遊客和文學研究家們前往托爾斯泰莊園。首批乘客按其需求被安置在不同的車廂裡。新聞記者們乘坐在「戰爭與和平」車廂，這裡掛滿了《戰爭與和平》的插圖。作家們則集中在「托爾斯泰和孩子們」車廂，全俄作家協會巡迴會議正在這裡召開，在座的有許多作家和當天即將被授予托爾斯泰文學獎的阿列克謝耶夫等人。「高加索」車廂裡的乘客是鐵路職工和各部門領導人，還有全體樂隊隊員和化妝成托爾斯泰小說中主人公的演員，其中有在餐車裡大嚼大嚥的渥倫斯基（《安娜．卡列尼娜》的主角）、佩戴著油光發亮的帶穗肩章的包爾康公爵和帽子上插著羽毛的純情少女娜塔莎（《戰爭與和平》的主人公）。托爾斯泰生前對鐵路工人頗有好感，在列車上還有一節「托爾斯泰與鐵路」車廂，裡面掛有長篇小說《安娜・卡列尼娜》的插圖。列車上有書店，你可以買到一些世界著名的文學大師的作品或別的一些消遣讀物。

許多意味僅僅是意味而已，它們沒有樣式，而人們又極其需要意味，文化樣式的創制要設法使這些意味落實下來，讓人們看到、摸到、感受到。如果在一個茶館裡，一杯茶、一把花生、一盆瓜子仍然使人無法進入休閒狀態的話，一種挖耳朵的服務方式，確實能夠讓客人進入閒適的狀態。在四川，一個霧濛濛的下午，客人可以躺在茶館的一把躺椅上，瞇著眼凝視著天空，人像進入夢境一般。一位專業人士爲客人提供二十分鐘的服務。開始，客人感受到耳垢被輕輕地刮落著；一會兒，長鑷子把碎耳垢從耳朵裡取出，癢癢的，但是很舒服；再一會兒，頂端包有棉花團的竹簽在耳朵的深處擦拭和按摩，這種在神經最爲敏感處的沙沙的滾動，會使人很快進入一種忘我的境地，所有的注意力都集中在耳朵上，而且很舒展。「這的確很舒服，比按摩還好。」一位客人說。

有許多人想成爲作家，當然其中大部分人都成不了作家，但是人們還是夢想成爲作家。日本近年來時興出版個人史，每年自費出版的四萬種書籍中，個人史就占了百分之三十。儘管現在是網路時代，日記和個人史都可以上網，但還有許多人追求「出書」的感覺。與上網不同，有形的書是實在的，在手頭也可以保留數十年，甚至更長的時間。一本《自己的書——二〇〇一年記錄》出版了。這本書是日本新潮出版社出版的，有書號，有策劃設計者，有發行者，但在「著者」下面卻是空著的，它一共有三百九十九頁，每頁只有「幾月幾日星期幾」的字樣，像是日記本。書中的「本書使用方法」介紹說：「可以當作筆記本，也可以當作日記本，或許還可以發現其他用途，本書的使用方法是自由的，當一年結束的時候，也就是你二〇〇一年的《自己的書》寫作完成的時候。」《自己的書——二〇〇一年的記錄》一出版，二〇〇〇年售出三十九萬本，二〇〇二年版到二〇〇一年十月，已售出三十萬本，市場前景相當好。

很多樣式的創制需要想像力，以使某種意味的滿足更快、更直接、更深入和更有感觸。移動通訊的發達，使追星族更多、更快地獲得目標。當女明星瑞絲・薇斯朋（Reese Witherspoon）被人發現出現在紐約市街頭時，如果你的手機會響起來，那你一定是「名人追蹤」公司的客戶。這家公司是紐約通訊公司推出的數千種資訊服務之一。參加該服務的約一千多名會員通過該公司的網站或個人移動電話，發出名人行蹤的短消息，訂閱者則通過手機接受那些短消息。這樣的服務滿足著追星族的渴望，也使手機用戶增添了短消息的樂趣。

「九一一」恐怖襲擊事件發生後，恐慌驚懼的民衆開始以詩療傷，走出死亡和災難的陰影。當時的紐約放眼所及到處是詩：商店櫥窗、公共汽車站、華盛頓廣場公園、布魯克林區、罹難者的相片旁，釘著一頁頁宛似白玫瑰的詩行；在無限的電腦網路空間，詩更成爲流通傳輸的大宗郵件。美國桂冠詩人比利・柯林斯就直言：「這是個値得體味的現象，面對危機爆發，人們不會希冀讀一本小說，看一場電影，或者說芭蕾可以給我力量。最後總是找上詩，我們只想傾聽詩人的聲音。」德國詩人里爾克說得更深刻，「詩是人類靈魂的自然祈禱」。「九一一」事件發生後，人們需要簡潔有力的意味和情感的表達方式，需要心靈對心靈的訴說，需要情感的直接對話，而詩是最好的樣式。人類在情感需求最爲強烈的時候，響亮的口號和歌聲以及強烈的詩句總會出現。

許多文化樣式的創制不僅是爲了打通人與人之間的意味交流，也希望能打通人與動物之間的意味交流。譬如，一些人養狗是爲了與狗聊天，但是很多人會對狗不會說話感到遺憾。爲了彌補這一缺陷，日本TAKARA玩具製造商最近研製成功了「狗譯通」。它運用電腦的語音識別原理，把狗的不同叫聲以數碼形式輸入儀器譯成相應的六大類人類語言，其中包括迷惑、警覺、自我表現、高興、悲傷和渴望。通過對狗的聲音的識別，狗譯通會發出「眞令人無法忍受」、「好無聊呀」等狗語，螢幕上還會顯示狗心情相應的表情。

我們沒有發現絕對理想的樣式或絕對糟糕的樣式，因爲每一種樣式都是相對而言的。當時的意味、情境、消費者和消費者的心境不同，都會影響文化樣式的創制。沒有人會認爲大量的重複是個好的樣式，但是兒童喜歡重複。一部在成年人看來相當無聊的動畫片《奧特曼》❹，除了怪獸和故事有許多變化外，每一集的過程、結構和結局全都是重複的，但孩子們仍然喜歡這部影片。因爲每當重複的情節出現時，孩子們會說：「我說的吧，奧特曼來了。」兒童需要自己對這個世界有所把握的感覺，重複使他們有機會表現這一點。重複也給孩子提供了不斷解讀的機會。人們發現兒童片走向成功的主要因素之一是曝光次數。每週播放一次的片子中，頂多只有百分之十二能成爲轟動性作品，但在每週播放三次或更多次的兒童片中，都有幾乎一半的片子成爲了轟動性或經典型的片子。而重複、高頻率在節日的創制上是大忌。據韓國媒體披露的一份統計資料顯示，僅二〇〇一年十月份韓國境內十六個市、道就已經舉辦了五百五十二

❹即是鹹蛋超人。

個節日，其中京織道辦的節日最多，一個月內達一百五十個，按每個節日持續三天推算，每天的節日活動就多達十五個，節多得連韓國人都感到煩，結果，使節日的意味淡而無味，一些號稱「國際」、「全球」的節日上都見不到外國遊客的影子。

場景：理想的樣式，應當表現出恰當的場景，人們可以感受到某種意味強烈的氣息，使人們有身臨其境之感，全然爲這種氛圍包圍，身心完全融入此種意味之中。

場景的設計較樣式更複雜、更系統，但是「完全」的環境和氣氛已經是文化產品形式創制的一種必然的要求，它在形式中進一步提升，以使形式由一種生活中的環境的存在，創制成生活中的一部分、一種場景。這是文化消費普遍的要求，但僅僅是一種樣式已經不夠了，人們需要一種全新的形式。很多文化公司正在創制一系列的樣式，以使我們回憶起某些美好的生活方式、學習方式、工作方式和娛樂方式。當書店把對讀書的體驗用一種場景表現出來時，讀者在那裡度過的兩小時，是對重返大學校園的體驗。這些書店向人們提供舒適的椅子和沙發，也有茶和一些點心，還賣咖啡。一些講座小組在這裡活動。在書店的中心區提供了幾排嶄新的雅座，邊上有一疊疊雜誌。此外，也提供各種演講會、寫作研討會。人們可以在這裡消磨一兩個小時的時光，感受大學校園那種濃濃的書卷氣。巴諾公司採用這一方法布置它的書店，一九九七年其書籍的零售額高出美國圖書市場平均增幅百分之九點二。最近這一勢頭就更猛了。

很多人願意重溫童年時期的生活，一些人想返老還童，一些人以爲在他們幼兒時期沒有得到相應的撫育，想補課，還有一些人是出於好奇和尋求一些刺激。爲了滿足人們的這一欲求，英國婦女黑茲爾．瓊斯開出了成人「育嬰室」。自一九八六年開辦這個育嬰室以來，她已經接待了英國、法國、美國和日本等地六千餘名客人。只要這些中老年人願意每天晚上花一百美金，他們就能痛痛快快地在那裡享受到「寶寶」的待遇。

黑茲爾・瓊斯的成功，主要是創制了很好的場景，使那些四、五十歲的「寶寶」馬上就順暢地進入幼兒的角色。黑茲爾是三個孩子的母親。她曾是一名小學教師，後來又經營化妝晚會的服裝。她從中瞭解到，不少成年人都想當「寶寶」，於是開始生產碩大的「童褲」和「童裙」，後來又順理成章地創辦了成人育嬰室。在育嬰室裡，有兩個裝飾華麗、色彩鮮亮的房間，裡面有漂亮的帶柵欄的木床，有可搖晃的白色木馬，有各種各樣的長毛絨玩具……總之，嬰兒室有的這裡一應俱全。所不同的是，這些東西體積大了許多。成人嬰兒在這裡用奶瓶喝奶，穿三角褲式的尿布睡覺，允許在尿布裡撒尿，有的客人提出吸奶的要求，老闆娘只好求助於那些妓女來滿足他們。四十七歲的英國皇家空軍部隊的退役軍人亨奇每週來當一次「寶寶」，迄今已有八年。他說：「在我四歲那年，母親又給我生了一個弟弟，我只好被送到她的朋友家裡呆了好幾個月，我感到好可憐，有被遺棄的感覺。我在這裡得到了彌補和滿足。」這樣的嬰兒室已經在美國、法國、加拿大相繼出現。

好的自然環境經由我們的識別，很多都是某些意味絕佳的表現形式。療養院、度假中心選擇在一些山水勝地確實是上上之選。但是許多自然環境所具有的天然的意味仍然沒有被很好地提煉出來。去過西藏的人，對那裡純淨、崇高、神聖的感受都相當深刻，作爲一種精神昇華的場景，西藏的環境、氛圍和氣息具有非常巨大和深刻的文化意味。

城市是一種最大規模的場景創制。很多城市缺乏好的設計，使城市的許多好的意味流失了。美國著名的城市規劃大師凱文・林區說：「一個好地方就是通過一些人及其文化以非常恰當的方法，使得人能瞭解自己的社區、自己的過去、社會網路以及其中所包含的時間和空間的世界。這些象徵符號不僅是特定文化的產物，也表達了共同的生命的體驗，例如：冷和熱、明和暗、高和低、大和小、生和死、動和靜、關心和忽略、乾淨和骯髒、自由和限制。」凱文・林奇說的，是讓那種充滿文化意味的東西，包含在城市場景之中。我們如果能做到這一點，並使我們的城市的文化個性主導著這些意味，那麼旅遊城市的建設也就相當成功了。爲什麼高級華貴的意味集中在法國？細加斟酌，是法國用所有的場景表現出了富裕、優雅、浪漫、藝術、經典、時尚，首都巴黎又濃縮了這些意味，成爲藝術之都，而巴黎最有名的三條街將這些意味用最昂貴的價格賣出去。這三條街分別叫蒙泰涅街（Avenue Momtaigne）、福布爾格・聖・奧諾雷街（Ruedufaubourg ST.Honore）、香榭麗舍街（Avenue Deschampselysees）。其中所售商品特別貴的那條街，就是奧諾雷街⑤。而奧諾雷街上的埃梅斯商店是巴黎最昂貴的商店。在那裡，一瓶香水的售價是七千九百八十法郎，一把草根手刷是三百九十法郎，一雙鱷魚皮鞋是一萬八千六法郎，一套西裝是一萬五千至三萬法郎不等，而一隻鱷魚皮的手提箱是一千零六十七萬法郎。這裡商品的成本可能是普通商品的幾倍，但是它的售價則是普通商品的五十倍以上。從這裡可以看出，一種頂級的意味，需要系統全面地、一層層地烘托，一種眞正的場景，應該

⑤位於總統府的後面，一九七三年開始修建，長一八四〇公尺，雲集了Cartier、FENDI、PRADA、Givenchy、CHANEL、CD、Versace、MONTBLANC、Gucci、Louis Vuitton等著名品牌，是展示世界頂尖服飾的地方。

成爲一種社會狀態、一種文化狀態，你一旦進入這樣一個國度，立刻就會感受到這種氣息，這就要求我們在創制場景時要有規模，要深刻。

場景還應該積累它的時間要素，它必須有許多故事，有較長的歷史，而且很有個性並形形色色。一篇關於法國巴黎紅磨坊的報導——〈巴黎紅磨坊，永遠有觀衆〉很好地說明了這一點。

到過法國的旅遊者，一般都知道巴黎有兩個著名的歌舞表演廳，一個是位於市中心香榭麗舍大道的麗都，一個是位於城北蒙馬特高地腳下白色廣場附近的紅磨坊。如果說麗都具有美國百老匯風格，那麼，屋頂上裝著長長的、閃爍著紅光的大葉輪的紅磨坊則是較爲地道的法國式歌舞廳。印象派大師奧古斯特・雷諾瓦的名作《紅磨坊》使這個歌舞廳蜚聲世界。還有兩部電影以紅磨坊爲主題，一部是法國大導演讓・雷諾阿的《法國康康舞》，另一部是今年戛納電影節的參賽片《紅磨坊》。後者是風格華麗的好萊塢片，由妮可・基曼主演，影片講述一九〇〇年前後發生在紅磨坊的一段淒美的愛情故事。此片十月初在法國公映後，再次引起人們對紅磨坊歷史和現狀的回顧和關注。

紅磨坊的歷史可以追溯到十九世紀下半葉。那時候，來自世界各地的流浪藝術家，在蒙馬特高地作畫賣藝，使那一帶充滿藝術氣氛，成爲巴黎最別致、最多姿多彩的城區之一。由於藝術活動活躍，蒙馬特高地街區那彎彎曲曲的卵石坡路的兩側，小咖啡館、小酒吧生意興隆。後來，這些小咖啡館、小酒店裡來了一些舞女，她們穿著滾有繁複花邊的長裙，伴著狂熱的音樂節奏，扭動著臀部，把大腿抬得高高的，直直地伸向掛著吊燈的天頂。當時英國人稱這種舞蹈爲「康康舞」，認爲它很放蕩，很下流，禁止在英國演出。

但是，康康舞在蒙馬特高地很受歡迎。每年狂歡節，舞者走上街頭大跳特跳，人們從城市四面八方趕來觀看。社會學者在分析康康舞盛行的原因時指出，一八七一年普法戰爭失敗後，法國萎靡不振。現實生活中醜聞充斥，金融財團明爭暗鬥，勞資矛盾加劇。人們厭倦了民族主義者的大話空話，整個民族感到極度的空虛。在重新找回生活座標之前，法國人感到苦悶、徬徨。然而，憂鬱不是高盧人的特點，他們很快就學會用玩世不恭來取代苦悶，這就促使一種放縱的風氣在巴黎彌漫。

如今紅磨坊有四十名女演員、二十名男演員，他們來自世界各地，主要是澳大利亞、俄羅斯、英國。女演員必須受過芭蕾舞訓練，身高起碼應達一點七二公尺，年齡在十六至二十五歲之間。容貌要姣好，笑容要燦爛，大腿要修長，鼻子要俏皮……演員起薪一萬二千法郎（一法郎約合人民幣一點一六元），資深演員可達三萬，他們付出很多，每週工作六天，每天演出兩場。紅磨坊現今的主要舞蹈兼獨唱演員瑪麗莎來自澳大利亞紐卡斯爾，父親是工程師，母親是護士，一個良家女子。瑪麗莎在紅磨坊當演員整整十五年，已與團裡一位義大利籍獨唱兼雜技演員結婚。她曾在《奇妙》這齣歌舞劇（此劇演了十二年）中演出過六千場！雖然今年已經三十三歲，但人們說她仍然具有十七歲女孩的身材，表演時她全套行頭重十二公斤，她能像少女一樣「舉重若輕」，高高地抬起大腿。她在評論妮可·基曼在影片《紅磨坊》中的舞蹈時說：「還行吧，她盡力而爲了。」

進紅磨坊是不少女孩的夢想，因爲紅磨坊的經歷，就像《阿里巴巴》裡「芝麻開門」的神奇密語，令生活出現奇跡。許多在紅磨坊跳過舞的女孩，後來都成功地進入影視界。

紅磨坊是法國娛樂業中一家效益良好的企業。其觀眾百分之五十五是外國人，百分之四十五爲法國外省人。最近幾年，企業採取經營上的一些改革，如通過出售家庭票及各種減價票以吸引觀眾，取得成功，三年間，營業額從一億三千萬法郎上升到二億法郎。

營銷的節奏和限度

人在衣食住行方面的消費方式，是由人的生理條件在與社會生活環境的互動中構成的；人的心理和精神消費，則由人們所普遍認同的文化在與文化環境的互動中構成的。尊重和通透文化的特質與文化運行的律動，是把握文化營銷節奏和限度的基本前提。

文化產品的需求是完全沿著一種文化的規律性變化而出現的。在中國，農曆是人們日常生活和工作（農業活動）的年度計畫表，大部分中國人的一些主要活動，都是遵照農曆的安排依次展開的。春節一年一度，它是中華民族文化消費的高潮，廟會、燈會，互賀吉祥、走親訪友、以示親和，都在春節展開、深入。進香則在每月的初一和十五，這樣文化消費的節奏就擴展到了每年二十四次。與此相當的是二十四節氣，尤其是在清明、立夏、端午、中秋、重陽等重大節日，相應的意味需求會強烈地表現出來，形成社會消費高潮，人們會在家庭和社會上進行一些文化活動。如果一種文化產品希望能夠被人們日常消費，除了電視、報紙以外，還應該注意一種文化日常的休閒與娛樂方式，像象棋、撲克牌、圍棋、飲茶、聚會等，並設計成一種具體的樣式與人們的日常生活方式相結合，這樣，消費的節奏就會明顯加快。

一些更大的文化營銷節奏在國際展開。當你看到世界著名童話的ＶＣＤ廣告時，你知道這些童話是你，你的父親，你的爺爺那一代都曾經讀到的童話，它們在每一代童年期到來時隆重推出。迪士尼公司精心設計的動畫片的營銷計畫就是這樣進行的。大約每隔七年在六年制語言學校裡，就會有一代人畢業出去，他們被全新的一代所取代，新的一代又擠滿了每一個幼稚園。由此，迪士尼公司就會緊密配合這個週期推出自己的影視產品。可口可樂公司的消費對象則較迪士尼公司的年齡稍大一些，他們大多是世界各地的青少年。可口可樂公司塑造了年輕和反叛的意味，在營銷上堅持四個「永遠」：「永遠在那兒（隨時隨地作出反應）」，「永遠新穎（向每一代年輕人重新闡述）」，「永遠眞實（反映家庭、朋友和樂趣的價値）」，「永遠是你（與每位消費者個人相關）」。這也是它在全球的主題。可口可樂公司就是這樣，反覆賣給每一代年輕人。當然，每一個地區的年輕人也有所不同，在這一大背景下，可口可樂公司在各個州都有自己的口號，在威斯康辛州是「威斯康辛州的驕傲」；在德克薩斯州是「眞品之家」；在明尼蘇達州是「我們什麼都有」。但是在全世界，它是「永遠的可口可樂」，是年輕人的可樂。

一種個性化的、文化的需求，有時甚至幾十年如一日地存在，這種需求是如此的穩定，你只需要一些文化產品保護這些相應的意味，並在形式上作一些小小的變化，即可持久地滿足這種個性化的、文化的需求。這時候營銷的節奏與人們日常生活的節奏完全融爲一體。如服裝，你只要因四季的變化而變化就行。二〇〇一年春，ESPRIT推出以幻化、明麗與生機爲主題的休閒女裝系列，以輕鬆、自由、寫意爲主題的斯文女裝系列，以灌注卓越不凡爲主題的休閒男裝系列，即使你不是時裝潮流中的一族，也不會對ESPRIT服裝感到陌生，因為ESPRIT一直以跳躍的色彩、鮮明的風格、健康的形象在時裝業現身。ESPRIT公司統一設計、統一生產著全世界所有這一品牌下的時裝。無論是上海、東京，還是布魯塞爾，ESPRIT均採取一致的品牌定位、產品採購、形象與市場推廣策略。無論是一件ESPRIT夾克，還是任何以ESPRIT為商標的個人家居用品，所放射出的意味絕對一致。

ESPRIT的形象由三橫「E」字標記開始，這個標記在全球四十六個國家的所有零售店裡都可以找到。在保持個性和自己獨具的意味時，ESPRIT配合「常常不同，並無改變」的宗旨，定期以不同的顏色和字款出現「ESPRIT」標記，帶給顧客耳目一新的感覺。中國中央電視台舉辦的春節晚會，很多人認為很難辦，是因為主題不能變，永遠是「歡樂、吉祥、幸福和希望」，但是樣式可以變，學習ESPRIT每年推出七千種新款，而休閒與年輕的主題不變的經營方式，應該會有出路。

文化營銷成功的途徑，一是如前所述，加快營銷的節奏，直至與日常生活緊緊地聯結在一起；二是在文化認同的地區無限度地擴大你的營銷範圍。與物質產品不同，文化產品持續的時間越長，其價值就越高。名勝古蹟今年去看是一千年，明年去看就是一千零一年。許多經典之作因為它的歷史而價值倍增。另外，文化產品還越賣越值錢，消費者越多，成本就越低，利潤也就越高。在收回投資成本後，成本只留下營銷渠道和傳播費用，而不是這一產品的增量成本。《鐵達尼號》用二億美元拍攝，一億美元宣傳，在收回三億美元的投資後，拷貝影片是它最大的成本。文化產品營銷最理想的戰略是越大越好。

跨國文化公司採取兩個極端的組合在全球營銷，一個極端是創制者所創制的作品，一定是個性的、稀缺的、獨具的、極致的、酷斃了的、昂貴的；另一個極端是賣遍全球所有可能的消費者，它們有這個能力立刻而迅速地在全世界完成營銷。音樂和電影公司往往用延長其產品在時空方面的壽命，去彌補它在發掘藝術人才和購買歌曲版權上所費的成本。它們總想形成「只此一家，別無分號」的局面，努力實現它們的銷售網路在全球橫向到邊，縱向到底。事實上，音樂和電影出於經濟考慮，也必須實現全球化營銷。在美國，僅有百分之二十的電影能賺回投資。大規模製作的巨片，獲利的可能大多在於它能吸引多少全球觀衆。一部投資三千萬美元的影片，在美國只能收回一千三百萬美元的投資；而在國外播放則能收回一千三百萬美元以上的投資。儘管印度的電影業排行世界第一，但它的海外市場僅限於海外印度人聚集的地區，根本沒有形成全球性市場的氣候。營銷市場的有限性，阻礙了印度電影業的發展。

現在是把文化產品的意味和個性做到極致，並將這一極致的個性賣遍全球的時候，因爲這個世界已經全球化、資訊化和網路化。中國一些大的文化產業公司，資產在二百億元人民幣，年收入在一百億元人民幣，其體量似乎太小。世界傳媒公司二〇〇〇年收入排位在前十位的公司是：第一位是美國線上—時代華納，二百四十九億美元，第十位是 CLEAR 頻道傳播公司，五十二億美元。在文化營銷上賣透、賣遍是最理想的。

星雲組織與管理風格

心經濟與身經濟是完全不同的兩種經濟方式，在心經濟領域採用過去所曾經有過的組織概念和方式都是不合適的。我們需要借鑒一些成功的文化公司的經驗，譬如迪士尼、好萊塢或者新聞集團，我們可以在文化行業的市場化管理方面學習一些西方文化行業管理的制度，如好萊塢的電影工業化生產方式。根據市場預測，製片要做出市場回報的分析表，同時要做詳細的預算。在好萊塢，一個製片通常要交出詳細報表，每個細節的預算都包括在內，詳細得像汽車生產報告。這種嚴密科學的系統管理方法，可以保證「生產」不成問題。但是，我想指出，這些經驗是在心經濟、心時代沒有展開時產生的，它們的一些經驗顯然不適合新的文化形勢和心經濟的競爭，它們的另一些經驗從一開始就不是爲文化行業準備，尤其不是爲諸如印度、中國、墨西哥等文化事業準備的。西方的文化行業管理體系很難保證出好的文化產品。很深入地追尋中國等文化行業發展的經驗，可能有更好的經驗供我們學習，只是時間相隔久遠一些罷了。譬如中國教育的講學、遊學制度，還有相對文化而言的覺悟制度，而不是相對知識而言的教育和考試制度，都是非常深刻而寶貴的文化產業化的經驗，值得一學。

今天，從巴黎到好萊塢，江湖賣藝者同技術專家、文化投資人開創了一種令人驚訝的組織模式：星雲組織。文化公司就像氣象衛星拍攝的星雲圖一樣，它們的變化異常的快速和巨大。每一次人們集聚在一起，就像一次風雲際會，臨時而不確定。電影業的聚散特別典型地反映出這一組織的特性。製作一部影片，從頭至尾大多數的工作都是由臨時工完成的，斷斷續續、前前後後參加場景工作的技術人員、編劇、導演……所有這些人都只是受雇拍攝和製作某一部影片。這樣做的好處是製片公司可以在必要的時候集中必要的人，使各種臨時的特殊的需要都能夠滿足。製作一部影片的資金也是通過預售、合作生產或組成影片製作協會的方式解決，它們也是臨時的。在法國，人們製作電影大都進行臨時合作，一般都不成立專門的公司。

許多大製片廠不再拍電影。許多小公司鬆散地組織起網路來拍電影，爲了有號召力，只不過打的是大製片廠旗號。除了各種攝影人員以外，有更多的小公司、自由作家、特效公司、替身演員、道具專家、燈光技師、經紀人、保安人員和餐飲公司等，聯合起來製片。他們爲一部又一部的影片，一次又一次地組合起來，影片是聯繫各個合作者唯一的紐帶，拍完就散了。網路成了星雲組織運動變化的軌跡圖，只要有網路，組織就像星雲一樣聚散自如。

文化公司的專職工作人員會越來越少，目前美國大的娛樂公司，員工多於一千人的不到十家，洛杉磯地區娛樂圈裡有二十五萬人，但雇用十人以下的公司占百分之八十五。一種平展的網路化、原子化的組織已經出現。美國有一千四百萬個個體經營者，八百三十萬美國人正以個人爲單位工作著，自由職業者很快會成爲文化行業的基本族群。文化公司的名稱很快會被形形色色的工作室替代。

文化公司保留其核心意味和這種意味的核心生產力就可以，讓其他的東西都去流動。尤其是你無法使一切都達到世界一流，而你的產品卻需要一流的技術、設備、人才、思想、個性時，讓所有的東西都留在公司一定是一項錯誤。那些長壽的公司都是保持一個不變的經典的意味並小心呵護，然後刺激其他方面進步，就可以讓公司持久繁榮，帕華洛帝是這樣，范倫鐵諾是這樣，連歐萊雅也是這樣。凡是核心價值以外的東西，可以一個不留地投入流動之中。流動才有穩定，流動才能生產一流的文化產品。

星雲組織是適合個性化、個人化、個別化生產的，文化生產和文化顧問的客戶不能太多，也不可能批量生產。基辛格博士對一個企業或個人作指點，收費在十至十五萬美元的範圍內，作一項專門的戰略研究，收費為二百萬美元。實際上，這家公司在任何時候都把委託人限制在二十名以內。基辛格也從不接受從事一項迅速致富計畫的委託。組織由傳統垂直的方式向星雲狀態變化，只是一種組織文化變化的前奏，組織的革命性的變化將是文化。這些變化之深刻，將讓人們瞠目結舌，生產者將與消費者合而為一，被稱為產消者。你確實無法分清一位紫砂壺製作的大師，他是在製壺，還是通過製壺展現自己的思想、風格和氣質，在這一展演中欣賞自己（感受和消費自己）。文化工作將變為許多人的第一需要，不少明星深有體會地認為，唱歌、踢球是他們的生命。

公司也不再是圍繞家庭軌道運轉的衛星，人們工作的目的也不僅僅在於維護家庭的生計。家庭和公司、生活和工作將融合為一，人們在這裡工作不再是痛苦，而是快樂，是喜歡。許多公司的場景令員工們很快想到家庭，公司庭園化、校園化是文化公司的基本傾向。家庭生活與公司工作已經融合。公司就像過去的部落，公司裡的人日出而作，日落而息（許多公司就是夫妻店），一家一戶為單位的南方生產方式很快會復甦，所不同的是他們生產的不是稻子和麥子，而是某種文化產品。把工作從家庭中分離出去的東西，在心時代又回來了。

自由和個性在公司裡被視為核心價值觀存在著，公司將一種個性（滿足客戶意味需求的那種個性）當作自己最珍貴的核心價值保護起來。為了努力使這種個性達到巔峰狀態，公司完全是自由的。公司需要規則，但絕對不能太多，公司在混亂與控制之間走鋼絲，只要公司不至於失控，怎樣的混亂都可以容忍。髮型、服裝、飲食、談吐自由不論，作息制度、處事方法都可以盡情發揮……與身經濟的老闆為了讓消費者滿意的使命不同，心經濟公司的老闆要做的唯一的一件事，就是全力以赴讓他的員工感到滿意。人們之間的關係也由同事變為「同志」，在一起工作的人，都是志同道合、性情一致的。由於意味的單純和公司業務的集中，也使「同志」的集聚成為可能。公司的文化特質將是每一位新來的員工決定是否加入的首要標準，而公司對員工的選擇也一定是他的個性對公司的意味絕對喜歡並能加以支持或發揮。這種同志關係，是公司穩定和管理的基礎，也使信任公司這一唯一可以把握的文化特質得到加強。利益、權力很可能會被人們忽略，尤其是那些明星，那些南方明星們信任公司的文化氣息和人際關係將很快成為文化公司員工最為關心的主題。

情感豐富、精神飽滿的人。最有作爲的人，是那些能夠讓人思想、讓人動心、讓人覺悟的人，是可以豐富人們歷史、見識和心態的人；最有成就的產業是意味產業，是有能力將充滿個性的種種意味，衍化爲符號、樣式、場景和狀態的那些公司。在二十一世紀，世界一流的國家將不再是用製造產生物質、滿足人們身體需要的國家，而是那些歷史足夠的長、地理地貌相當豐富而文化個性鮮明、深刻、準確而普遍的國度。我們在不久的將來會看見世界各地的人們，會如潮水般擁入這些國家，他們在那裡爲觀光、娛樂、休閒、度假而大把大把的付錢，以豐富他們的歷史感、空間感和情感，以滋養他們的精神。

南方民族和國家具有滿足人們心靈需求的天才。它們的歷史、地理、文化是世界上最令人心滿意足的地方。它們的文化特質：情感的、玄學的、形象的、綜合的、情景的、生動的、內向的、覺悟的，是最爲適合文化產業的。中華民族藝術化生活的方式充滿情趣和精神（德國人使大部分生活、產品科學化，中國人使大部分生活、產品藝術化）。人們隨處可以體驗，中國人日常的生活方式，意味無窮，都足以使人們心領神會、動心動情。我們只要打開世界文化遺產分布圖，我們就能看到這一事實，這不僅是世界文化遺產，它們還是那種強大的傾向於情感和精神的文化，它們更是那種天才的情感和精神的感受力和創造力。

因爲人類的需求已經發生根本性的變化，由身體轉向心靈，由生存轉向藝術，由外轉向內，世界經濟文化形勢會出現一系列的變化。緊隨需求的經濟會轉向心經濟，緊隨心經濟的能力，經濟中心和發展會轉向南方，轉向那裡的文化圈、民族、國家、公司和個人，三十年後的世界經濟文化版圖將發生巨變，許多經濟地圖將重新繪製。二〇三〇年以前，我們將看到南半球會出現一系列現代化的國家，中有中國、印度、埃及、墨西哥；尤其突出的是中國，因爲它的歷史、地理、文化獨具意味，中華民族在服務、商業和文化產業經營又有天才般的能力，即如德國、日本在三十年內因物質製造而崛起，中國成爲世界一流國家是一種不可抗拒的文化趨勢。南方進入了一個新的歷史時期，一次千年一遇的發展期，如同在西元一〇〇〇年前後它在全球的位勢一樣（只是這一次北方在物質製造上已經發達）。南方各民族和各國將因爲擁有在心生活、心經濟和心時代中不可替代的文化資源和文化能力，恢復了它在全球文化形勢中應有的地位，人類有史以來在全球經濟、社會、政治、文化的天平將第一次得到平衡。三十年後，人類的和合與永續會有一線曙光。

國家圖書館出版品預行編目資料

心時代 / 曹世潮著
-初版.-臺北縣永和市：世界宗教博物館基金會出版：
2004〔民93〕面； 公分.
--(21℃：1)
ISBN 957-28692-6-4（平裝）
1.社會變遷 2.未來學
541.4 92020051

21℃系列1

心時代

作 者 / 曹世潮
發 行 人 / 釋了意
責任編輯 / 黃健群
執行編輯 / 蔡明伸
美術編輯 / 林世鵬
校 對 / 詹弘達、蔡明伸
法律顧問 / 永然聯合法律事務所
出 版 者 / 財團法人世界宗教博物館發展基金會附設出版社
地 址 / 234 台北縣永和市保生路2號21樓
電 話 / (02)2232-1008
傳 真 / (02)2232-1010
統一編號 / 78358877
網 址 / books@ljm.org.tw
郵政劃撥帳戶 / 財團法人世界宗教博物館發展基金會附設出版社
郵政劃撥帳號 / 18871894
印 刷 / 凱立國際資訊股份有限公司
電 話 / (02)2776-1201
總 經 銷 / 農學股份有限公司
電 話 / (02)2917-8022

初版一刷 / 2003年12月
定 價 / 180元 ISBN 957-28692-6-4（平裝）